二十一世紀の倫理観

真の人間性の回復を目指して

鴨志田恒世
Kamoshida Tsuneyo

風詠社

限りなき大天地《おおあめつち》をわが魂《たま》の
教えの庭となせや人の子
歌集「わたつみ」から

三保の松原から望む霊峰富士

鴨志田恒世先生は、天与の卓越した精神的能力と慧眼を以て、古代から連綿と今日まで伝えられて来た日本文化の深層に深く立ち入って得られた体験を基に、「人間の一生をより充実したものにするには、天意に副った生活を送り、永遠の生命に連なる魂の進化向上を目指すことが肝要であり、それが人生の最大の目標である」として、わたつみ友の会発足と同時に、その目標に向かうための日常生活の行為の規範を提示されました。

それが生活綱領の十箇条であります。そして、その意義を解説されたものが生活綱領解説です。

はしがき

地球が誕生して四十六億年、自然界は幾多の栄枯盛衰を繰り返して、今から約六百万年前に人類が誕生し、数千年前から文明と称されるものを獲得して、漸次発展を遂げ、二百年ほど前からは産業革命によって科学技術の急速な発展と共に、嘗てない速度で地球上のあらゆる場所にその生息域を拡大し、物質文明を高度に発展させ、今や地球上で最も繁栄する万物の霊長と言われる生物種となったのです。そして最早、人類はその文明なしでは生きられない存在となっているのです。

地球の歴史からすればほんの一瞬の間に、人類が築き上げた高度な文明は生態系を攪《かく》乱し、自然界の調和を乱し、何億年もかけて作られた資源を乱用し、温暖化を促進し、地球全体の環境を変えて、地球自体を危機に曝そうとしているのです。それ以上に危惧されているのは人間自身の内部（心）からの崩壊であります。そうであるならば今こそ文明の在り方を、私達の考え方、心の在り方を見直すべきではないでしょうか。

今般の新型コロナウイルス感染症の世界的な急拡大は、人類の傲慢と文明の驕りが招いた自然界からの逆襲ではないでしょうか。

自然界との調和とは、外界との調和であり、内界（心身）の調和であり、そして外界と内界の調和を意味するものです。例えば、今注目される身体に備わっている精緻な免疫力とは、自然界からの賜であり、それを攪乱する要因として過度な清潔感、食生活の乱れ、ストレス等が挙げられています。つまりは心身の乱れ、その調和が崩れた時に感染の危険度が増すことを知らなければなりません。

今後も持続可能な繁栄を望むならば、一刻も早く自然界との調和を回復しなければなりません。人間が誕生する前から、宇宙はあり、地球があり、その自然界があったのです。私達はその自然界に育まれて出現した最も新しい生物であることを忘れてはならないのです。私達一人一人の考え方、生き方を変えていかなければならないのです。私達人類の責任を果たさなければならないのです。

翻って日本人は、縄文時代以来、約一万年この方、全ての事物に魂が宿るとして、万物を慈しみ、自然界との調和を図り、簡素且つ清潔な暮らし、持続可能な暮らしをしてきたことが最近の研究でも明らかになってきております。それは一言で言えば「神と自然と人間の調和」を培って来たということです。しかし私達は原始時代に戻るべくもありません。しからば、その日本の叡智を発見し、活用し、文明と自然界とが調和する方向に変えていくことが必要ではないでしょうか。

そこでそれを実現するためには、私達一人一人の意識の改革が必要となり、考え方、生き方を変えていかなければなりません。そしてその総和としての意思が社会を、世界を変えて行くのです。自然界と調和が実現されて行くのです。

一人一人の心の在り方が大切ということです。その為のより具体的な日常生活における心の在り方、生き方、行為の規範を提示されたものが生活綱領の十箇条なのであります。

「生活綱領」は、「真理を愛し……」に始まり、「生命の尊厳を自覚し……」に終わる十箇条で、どれ一つとして疎かに出来ません。しかし其の順序には自ずと深い意味があると推察するものです。

そしてその解説は、日々の暮らしの中で、もっとお金が欲しい、より健康になりたい、より良い結婚がしたい、多くの知識を身に付けたい等の多くの希望がありますが、こうした希望を集約しますと、もっと幸せになりたい、もっと自由になりたいという心の奥深い要請にほかなりません。こうした心の要請を平和裡に、より建設的に実現して行く為の心の在り方を、自然界との調和を実現し、幸せな人生を歩める人になる為の日常生活での行為の在り方を解説されたものなのです。

更に、人間とりわけ日本人として如何に生きればよいのか、万人が求めて止まない心の平安と、幸福な人生を実現するため、更に純粋、至誠、無我の心を養って、人間の真の生きる目的と意義を感得するための理性の能力を超える叡智（霊性）を我がものとして、生命の法則に適う宇宙観、世界観、人間観を体得して、天地に卓越した人となる為の指針であり、二十一世紀を見据えて、人類普遍のものとしての新しい倫理観と、行為の規範を提示されたものなのです。

生活綱領解説の総括の項に、「身近な日常生活の中に実践してこそ、生活綱領としての意義がある訳でありますから、一挙に完全を求めず、日夜努力を重ねて、漸進的に、且つ持続的に実行に移して行くことが大切でありましょう。そして『習い性となる』という言葉のように、十箇条の生活綱領が、無意識の中に、私共の生活態度の中に深く浸透して行くようになるまで、お互い習練を重ねたいものであります」とありますように、私達の日々の実践を通じて真実の愛を身に付け、何時でも何処でも、誰にでも其の愛を捧げられる人間に、日本人になることが、己自身を幸福に導き、やがては家庭を、社会を、国家を、世界を平和に導く大きな原動力となるものと信じます。

併せて掲載した「天音」は、機関紙「わたつみ」の毎号の第一頁に掲載された、百二十八文字に凝集された天の声であり、「人間かくあれかし」という大自然の摂理からの呼びかけにほかなりません。深遠な真理の言葉であります。これを真に理解し、吸収し、血肉とするには、常に進歩向上を目指す真摯な心構えと、幅広い見識が不可欠であり、その意味を十二分に感得しなければ、其れは単なる素晴らしい言葉に過ぎません。これを深く理解するためには、是非その他の著作集、今般出版された「幽玄の世界」追補版、「叡智への道標」「自らの道を選べ」等を読まれることを薦めます。

この「生活綱領解説」と「天音」は、読者の真実を求め人生を真剣に真実に生きようとする情熱に応じて、その意味内容の深さ、高さを感得し、人生を明るく健全で充実したものに変革するものと信じます。

これを常に携帯して、常に内心の点検と反省を行ない、日々の生活の心の在り方と行為の糧として頂くと同時に、人生の困難に当たっては、その中から解決の糸口を発見し、幸福な人生を築くための一つの柱として頂く事を切に希望いたします。

注記

一　読み難い漢字や語句には、できるだけルビを付した。

一　難しい表現や用語には、〔 〕を付けて小さな文字で簡単な意味を付した。但し、先生が（ ）で付したものはそのままとした。

一　科学的知見は日進月歩であるので、当時の知見が現在と異なることがあるが、そのまま記載した。

一　今日では使用しない表現は、時代を映すものであるからそのままとした。

令和三年八月六日

わたつみ友の会広報部

目次

二十一世紀の倫理観

真の人間性の回復を目指して

生活綱領

生活綱領

一、真理を愛し限りなく人を信じられる人となろう

一、自然を讃え万物に調和する柔和な心の人となろう

一、恭敬を旨とし愛と誠を以て人を動かす人となろう

一、報酬《むくい》の無い善行に幸福を見出せる人となろう

一、常に言葉を慎み他人と自分の時間を大切にする人となろう

一、平和を愛し正邪善悪を超えて争いの心を持たぬ人となろう

一、深い思慮と正しい信念を以て時処位に応じた行動をする人となろう

一、創意工夫と熱意を以て常に進歩向上を志す人となろう

一、天地衆生の恩恵に感謝し使命に生きる人となろう

一、生命の尊厳を自覚し一貫して真実を歩む人となろう

THE LIFE PROGRAMME

1. We should make an effort to become the person who is able to love the truth and trust perfectly other person.
1. We should make an effort to become the person of meekness who admires the nature and goes well with all things in the universe.
1. We should make an effort to become the person who makes it a principle to respect and works a person with love and sincerity.
1. We should make an effort to become the person who can find happiness in good deed without reward.
1. We should make an effort to become the person who is always careful in speech and values time of other's and one's.
1. We should make an effort to become the person who loves peace and has no mind of discord standing aloof from right and wrong and good and evil.
1. We should make an effort to become the person who can act in response to time, place an occasion with prudence and right faith.
1. We should make an effort to become the person who sets one's mind on advancement with ingenuity and ardour.
1. We should make an effort to become the person who expresses thanks to benefit of all creatures and lives in mission.
1. We should make an effort to become the person who realizes the dignity of life and goes on with the truth consistently.

第一章　生活綱領解説

一　真理を愛し限り無く人を信じられる人となろう

真理を愛するということはまことの理法を尊重し、これに随順することであります。私どもは誰でも真理を知りたいという心がありますが、これは人間が万物の霊長と言われる所以《ゆえん》〔理由〕でありましょう。天地の間には小は原子、分子の世界から大は太陽系、銀河系宇宙の天体に至るまで、天地の理法に従って運行しておることは既に周知の通りであります。

ただに物質界のみならず、生物の世界に於いても下は植物、動物から上は人類に至るまで生命の法則に従って生存しております。

さらに、人間に於いては誰でも精神があり、精神もまた精神界の自然法則に支配されております。したがって、心の在り方も、精神界の法則に従った生活をすることが、人類のひとしく求めて止まない幸福への近道になる訳であります。

それから、人間に与えられた最大の恩恵は信ずる力であります。私どもが日常生活に於いて色々な行動をするにあたって、それに先だってそこには意志の力、即ち信ずる力が働いております。

私どもはどんなに健康な人でも明日の生命は保証されてはおりません。ただ昨日も生きた、今日も生きた、だから明日も生きるのであろうという漠然とした信ずる力に依って生きているのであります。それ故に安心して生きていられるのです。誰でも自分の生命の惜《お》しくない人はおりません。所が明日は死ぬかも知れないという不安が起きたらどうでしょうか。それは更に恐怖へと発展し、何事も手につかず、又食事も喉を通らなくなってしまいます。今の世の中を見渡しますと、人間関係に於いてもお互いの不信感が、どんなに人間の社会生活を煩雑《はんざつ》なものにし、貴重なエネルギーを無駄使いしているか計り知れないものがあります。

個人的不信の心は、やがて精神的及び肉体的病気の原因となり、家庭における夫婦、親子兄弟間の不信は、そのまま家庭の破壊になり、この上ない不幸になります。隣人への不信は暗い孤独な生活に追いやり、国家に於いては、国民の為政者への不信は、やがて暴力革命となり、国際間に於いては、遂には戦争を誘発する原因ともなります。

機械文明の長足の進歩に伴い、便宜《べんぎ》主義の生活に馴《な》らされて、人間は物を考える事をしなくとも、毎日の生活が出来るようになって来ております。これは非常な恩恵のように見えて、実は極めて重大な危険を含んでおります。それは考える修練を怠ることによって、だんだんと考える能力が低下するからであります。

信ずる力とは物事の現象や証拠に頼らず、思考力によって、直観的に物事の真相を把握する能力であります。従って盲信や迷信とは全然異質のものであります。この信ずる力を我が物にするにはよほどの自信、即ち自らを信ずることが出来なければなりません。世の中の大抵の人々は自分を信ずることが出来ない要因を、自分の心の奥深い無意識の中に持っております。そこに人間は大きな劣等感と言うコンプレックスを持つようになる原因があり、この劣等感を優越感に置き換えて、これを自信への手がかりにしようとしております。あるものは学識に、あるものは芸事に、あるものは名声に又は権力に、豪壮な邸宅に、またあるものは豪華な衣裳によって自信を得ようとして、お互いにしのぎを削っております。しかしこれはカムフラージュにしか過ぎません。本来の自信とは何等の関係もありません。本当の自信はこのようなものではなく、創造生命に連なる限りない自由と悦楽と永遠との交わりであります。人間の真の安心立命は、この生命の創造の偉力を我が物にした時、はじめて成し遂げられます。大生命力の傘の下を離れた時、人間は不安と恐怖が本能的に頭をもたげて来ます。怒りは熱い激情と言われ、恐怖は凍れる激情といわれますが、これらは何れも正しく考え、そして正確な判断を齎《もたら》すための決定的な障碍《しょうがい》となります。しかも却《かえ》ってこれが盲信や迷信の原因にさえなります。

よく人を信じた為に損をしたとか、心に深い傷を受けたとか言い、またその為に人が信じられないと言って、それが正当であるかのように考えている人を多く見受けます。このように見える事柄がよく世間に存在することは確かでありますが、これをより深く観察して見ますと、真実は決してそうではありません。人を信じてしかも人に欺《あざむ》かれる悲しみは、たとえようもなく悲しく寂しいものですが、然し人は人に欺かれる以前に、大抵は自らを欺き、自分に騙《だま》されております。例えばこうすれば健康に悪いと知りつつ、不摂生をしたり、人前では立派に振る舞っても、一人でいる時は人に知られないからと勝手に決めて、良からぬ振る舞いをすることが凡人の常でありますが、誰が知らなくとも純粋な自分がその非を知っておりますから、結局自分を欺くことになり、これが潜在意識に沈下して、罪障意識を形成し、己を欺く量が、そのまま自己裁きとなって、人から欺かれる量になります。

「君子は必ずその独りを慎む」〔大学〕という言葉がありますが、これは倫理学上の理想像ではなく、私どもの日常生活における幸福を齎す鍵であります。

自分が本来の純粋な自分に対して犯した不信が、やがて自分が他から蒙《こうむ》る不信行為の被害となって現れて来る訳であります。これがすなわち心の投影ということであります。

大天地の真理に直面して、自分の心の在り方と行為を振り返って、己を尊敬出来る人間にして、はじめて不動の自信が湧き起こって来る訳であります。己を信じ得て、その価値を知った時、はじめて他人の価値を知り、真に他人を信ずることが出来、また不純なものを浄化することが出来ます。

表面では人を信じたように見えますが、もっと奥深い心の潜在意識の大前提に於いては、決して人を信じていないのであります。自分を真に信じ得ない人は、決して人を信じられないからであります。心の純粋さに応じて信ずる力の質と量が変って参ります。それに従って、心の純粋度の上昇につれて己を信ずる質と量が変って参ります。それに従って人を信じられる質も量も異なって来る訳であり、人を限りなく信ずることは己を限りなく信ずることであり、大天地を感動せしめる程の信、己の内心に湧き起こって、大天地普遍の愛が初めて渾々《こんこん》として湧き出るものであります。

これが即ち真に自己を愛することになり幸福へ導く道標となります。人を信ずることは他人のためではなく自分の最大の幸福へのためであります。

所で信ずるということも、人間の意識は平面的ではなく、本能、常識、理性、叡智と、その精神的水準の上昇に従って、信の質と量も異なり、生命の最も高く純粋且つ根源的な真実に触れた時、所謂、宗教的信仰に立ち至る訳であります。人間は容易に信仰に至り得ません。巷間往々にして宗教を口にし、信仰と称しますが、これらはなべて独断的迷信か、精神病理学的現象に過ぎません。

信を我が物にするには徹底した自己分析と、時に宇宙大の反省とを必要とします。純粋と至誠と無我、これ信への最大の道標であります。改めて信の大いなる天恵たるを知るべきであります。

二　自然を讃え万物に調和する柔和な心の人となろう

自然を讃えるとは、自然を愛し、自然に親しみ、これを讃美することであります。自然とは、本来、人又は物の固有性、本質などを意味しますが、それに加えて、次第に生命の原理又は生産力の意味をも持つに至っております。また一方自然は人為に対して非人為の意味も含まれております。ここにいう自然とは以上の意義内容を包含した意味で、我々の感覚や経験の対象となる外界及び内界の森羅万象とともに、これらをかくあらしめている創造の原理というように理解すれば、大過ないものと思います。もっと平たく言えば我々の生活している自然界及びその原理と云う意味であります。

元来、人間はその親より生まれたものであり、またその親には、遠く受け継がれて来た祖先があり、その遠い祖先はいや果てに於いて、自然から生じて来たものであります。人間があって、自然が生まれ、大宇宙が存在して来たのではありません。宇宙という大自然が存在して、そこに人間の生命が生まれて来た訳であります。いわば自然は生命のふるさとであります。それ故に生命のふるさとである自然を讃えるということは、実は少し難しく言いますと、中心帰一の思想であります。自分のふるさとに帰って行きたいという、子供が親を慕い、弟子が師を慕うように、ほとばしり出て、止むに止まれぬ同胞感、一体感であります。

丁度、電子が原子核に帰一して、原子核の周囲を廻転して、はじめてそこにお互いの存在が成り立ち、物質の単位となる原子をあらしめていると同じように、その中心に帰一するところに、位においては陰陽に分れつつ、しかも、より高い仕事に参与し、奉仕することになります。自然を讃えるという言葉の中にはそういう深い意味が込められております。

そして自然を讃える心は、やがて万物に調和する柔和な心に連なって行きます。万物に調和するということは万物に妥協することではありません。普通、世の中の大多数の人々は妥協の生活に甘んじております。親子、夫婦、兄弟、隣人に対してのみならず、自分自身に対しても妥協の生活であります。それ故に、心の奥底には、不平があり、不満が横たわり、ストレス、即ち心の歪み、葛藤があります。これは決して調和ではありません。

それではどうすれば万物に調和することが出来るでしょうか。ここに言う万物とは、環境を意味し、己自身をも意味します。森羅万象も意味します。生物もあり、無生物もあります。そして人間もあり、動物もあり、植物もあります。一切合切を含めて、万物という言葉で表しております。

従って、あらゆるものに対して調和する柔和な心は、万物に対する親愛感であり、万物を讃美する心であり、他を生かし、己を生かす心であります。それにはいつも淡々とした、明るく弾力的な心に満ちていなければなりません。少しでも我見があり、我執があると衝突や争いは避けられませんし、やがては忍従や卑屈を余儀なくされて、悲しく淋しい思いに沈むことになります。これは何処かに間違いがあるからでしょう。人間の幸福の重要な条件は何といっても生命の歓喜と心の平安を、全身に感得することでなければなりません。

たとえ相手がどのようであれ、自分で生命の原理に従った生き方をしていれば、丁度我々が空気の存在を意識しないと同じように、何等の矛盾も感じない筈であります。

家庭においては、親子兄弟が不和であり、隣人、上司、同僚とはいつも衝突が絶えないという状態は、それは誰の責任であり、彼が悪いというのではなく、根本的には、自分の心の中に大きな歪みがあるからであります。環境の矛盾は各々の心の矛盾の投影であります。

ある意味に於いて人間の心と肉体とは違った法則に支配され、活動しておりますが、我々が一心に物事に打ち込んで仕事をしている時は、心と体は一つになって、何等の矛盾も衝突も起こらず、結果的には最高の仕事が出来ることになります。ここに心身一如《しんしんいちにょ》〔心と体が一つになること〕の調和が生じます。

一般に世間では各自が、その自由を求め、束縛を恐れて、その責任を他人に、社会にまたは国家に求めております。しかし本当は、それは不自由と束縛の自分の姿であります。心の貧しさの自己表現でしかありません。真の調和を具現するためには、本当の意味での自信がなければなりません。真理の光の中にいなければなりません。それは丁度オーケストラのように、多くの人が、それぞれに違った楽器を繰り、違った音色を出しながら、一つのハーモニー（調和）を表現して行くようなものであります。ピアノにもバイオリンにも、またサキソフォンにもない、新しい調和を通して、美を表現して行く、それがオーケストラであります。各々の演奏者は全く異なった楽器を持ち、全く異なった動きをしながら、楽器の最高の性能を発揮するのです。しかし、ここに一つの極めて大切な条件があります。それは、一つの譜面に導かれているということであります。各自が思い思いの譜面を使用しては演奏が成功する筈はありません。

人間の生活に於いても、この一つの譜面が必要であります。即ち一つの生命の原理に導かれて、各人が生活するならば、各人はそれぞれの個性を持ちながら、これを歪め、傷つけることなく、歓喜と感謝に充ちた生活の裡《うち》に、向上し、進歩しつつ、永遠の創造に向って、生命の自己表現を展開することが出来る筈であります。

すべてを抱擁し、これを受け入れる、大らかな柔和な心には、恐怖の心はありません。世の中には気の強い人間、勝気な人と云われる人々が多くおりますが、これは表面から見ると、一寸そのように見えるだけで、心の奥深くには、多くの悲しみや苦しみ、或いは憎しみや嫉妬心などがからみあって、劣等感を握りしめておるのであります。これ以上は誰にも譲歩出来ない。これ以上譲歩すれば、自分の存在が危うくなるという恐怖心が、潜在意識的に蓄積されているからであります。本当は心の貧しさの表現であり、最も弱い人達であります。

仏教に観世音菩薩《かんぜおんぼさつ》と言う言葉がありますが、これは諸々の修行の末、やっと悟りを開き、既に極楽往生出来る資格を持ちながら、慈悲心止み難く、迷える衆生を済度《さいど》〔人々を迷いから解放し、悟りを開かせること〕するために、自分は地獄に堕ちるのも敢えて覚悟の上で、衆生済度に献身している菩薩（仏陀＝悟れる者）のことですが、没我献身の象徴であり、これを人間界の姿に表現すれば、観世音菩薩像のような慈悲深く柔和な顔だちをしたお姿になるという次第であります。

淡々無私なるが故に却って、天地に通じ、衆生に先んじて世音を達観し、充実した生活が出来るのであります。己を捨ててこそ、真の万物に調和する柔和な心の人となられることを知らされます。

誠に私共はいつも観世音菩薩の心でありたいものであります。

三　恭敬を旨とし愛と誠を以て人を動かす人となろう

恭敬《きょうけい》とは、心をつつしみ、それを態度に示すことであり、傲慢《ごうまん》さとは全く逆の心の在り方であります。謙虚な心を以て己を謹み、人間は勿論、天地万物に対して恭《うやうや》しく、その存在を尊び敬うことであります。

恭敬もまた絶大な自信と、柔軟心《にゅうなんしん》、即ち大らかな柔和な心の用意が無ければ到達出来ない心の境涯であります。よく「実る程頭《こうべ》の垂れる稲穂かな」等と云われますが、人の心も内容が充実し、真の自信が出来て参りますと、人間とは何か、生命とはどんなに尊いものであるか等が、自然に分って参りますから、自分が尊いのと同じ様に、他人も又尊い事が自覚されて来ます。従って他人に対して、自然に恭敬な態度が現れて来る訳であります。

人間には認識欲と云って、物事を良く知りたい、又自分の存在を人に認めて欲しいという心が、本能的に存在しております。

　ところが長い生活の中の歪みにより、その目的が達せられなくなりますと、困難や苦悩となり、知らず知らずの中に不満に陥《おちい》り、劣等感を抱き、孤独に追いやります。そしてその劣等感を何等かの方法で優越感に置き換えようとして、無意識の中に模索するようになります。それ故に、何か一寸でも他人より抜きんでる事でもあると、それを手掛りにして、高慢の峰に攀《よ》じ登り、他人を見降すような態度をする事によって、劣等感の心の傷を蔽《おお》い隠そうとします。これが即ち傲慢さであり、劣等感の自己倒錯であります。それが頑迷さに連なり、心の円満さを欠く事になります。然しこのような心の状態、即ち自己主張の態度からは、人間の心の奥底の魂の平安は訪れません。誰かが詠んだように、「非凡なる人の如くに振る舞える、あとの淋しさ何にかたとえん」という訳で、大衆の前で自信ありげに、華やかに振る舞っている様でも、一人になった時の淋しさは、どんな代償を以てしても償いきれるものではありません。しかし世の中を見渡しますと、そのような幻の栄光を追い求めている人々が何と大勢いる事でしょう。いや、絶対多数の人々はこのような時代の奔流《ほんりゅう》〔激しい勢いの流れ〕に押し流されながら、何とかして自分をより良く装い、そして認識させたいと思って、もがいている状態であります。ここに必要以上の競争心が起こり、虚栄心が頭を擡《もた》げ、利己主義に陥り、利害相反して、争いや衝突が起こり、もろもろの悲劇が生じます。

然し、人間が終局に於いて目ざすものは人間の幸福であり、逞《たくま》しく豊かに生きて、進歩向上することであるならば、上述の事態は人間の本来の目的に合致致しません。人間は万物の霊長として、すでに知性あり、道徳意識を持ち、更に真理や最高善及び美の極致を求める以上、人間の幸福の中心は、その精神界に存しなければなりません。真善美の統合された極致は、神聖さであり、荘厳さであります。知性ある人間が、神聖なものに直面して表現される態度が、敬虔《けいけん》さであり、恭敬さであります。即ち、恭敬とは外在の神聖を媒介として、己自身の中に神聖さの母胎を発見し、これを啓発して、具体的にその身に顕現《けんげん》する事であります。従って恭敬なくして人間は天地の真実に到達する事は不可能であるばかりではなく、又それを求める資格もありません。恭敬とは宇宙に遍在する大生命力を、自分の魂の電池に充電する事であり、恭敬は実に礼のスタートであり、ゴールであります。

礼は己に対する礼であり、又他人に対する礼であり、そして万物に対する敬が、礼の本源であります。従って恭敬によって最も恩恵を蒙《こうむ》るのは他人ではなく、その人自身である事を銘記しなければなりません。

恭敬とは真実の意味で最も自分を大切にした態度であり、それがやがて相手に感応して、相手をも美化し、浄化する契機となります。

これはかけがえのない善行であります。若し、自分が尊大な態度を取れば、相手もこれに反撥して侮辱感や、憎しみ、又は不快感を誘発し、それがそのまま自分への非難という形ではね返って来ます。これはお互いにマイナスになるだけで決して幸福への道標にはなりません。

恭敬さこそ、実は人間が本能的に持っている認識欲を最も確実に、且つ有効に達成する近道であります。

次に社会生活を営み、色々の人間関係に於けるトラブルを解決するために、愛と誠の力を以て人の心を動かしその目的を達成しようというのであります。言葉は平易で誰でも分かり易いと思います。これが又実際に実行する事は、仲々大変な事であります。愛と言い誠と称し、何れもこれを本格的に解明する事は極めて容易な事ではありません。

然し一言で言い得る事は、愛も誠も恭敬という心の素地なしには本物とは言えないという事であります。

換言すれば、天地大の信に導かれた恭敬さがあれば、真実の愛も、誠も即ち真心も湧き出て来るものであります。道元禅師も「愛語よく廻天の力あるを学すべきなり」と教えておりますが、恭敬な心から湧き出た真心のこもった慈しみ深い言葉は、天地をも動かす程の力があることを学ぶべきである、という意味であります。私共はこの愛と誠を以て真理の光のもとに、人を動かし、自分も他人も幸福の境涯に導く事が出来る人となる事が極めて望ましい。

真に慈愛にみちた一言の言葉によって、一人の人間を死の窮地から奮い立たしめる事は世上に知られている、貴重な事実であります。

人間は生身でいる以上、お互いに利害関係が相反した事態に遭遇する事がしばしばでありますが、その時にそれを解決する方法として、お金の力を以てしたり、術策を弄《ろう》したり又は甘言や恐喝、又は暴力を以てする事が非常に多い。しかし静かに考えて見ますと、その手段は各々異なっていても、その根本は、自分の存在を安泰ならしめよう、生命の危険への恐怖から脱出して、安全に生きたいという、生への執着に根ざしておる事は確かであります。従ってこの生の目的を最も確かに守ってくれるのが愛であり、誠であります。

愛とは慈しむ心であり、万物を育む心であり、創造の原理、大生命力に一体化して、生々発展しようとする、最も純粋な生命の働きであります。従って、愛は処世上最大の偉力であり、「汝を憎む者の為に祈れ」という言葉は、単なる人間の理想像ではなく、私共の日常生活に於いて、これが自分を最も安全に守り、又他人を天意のままに育む結果にもなる訳であります。即ち最も生命を経済的に、且つ効果的に使う、いわば生活の智慧であって、目には目を、歯には歯を以てしなければ、いかにも自分が損をして、敗北者になってみじめに見えると考えるのは、自分の心の貧しさ故の錯覚であります。「人を愛して親しまずんば其《そ》の仁に反《かえ》れ」という孟子の言葉も、やはり前述のキリストの言葉と同じ心を教えたものでありましょう。

人間には想念力があることが既に知られておりますが、人を憎み、人を非難する時は、その想念は他人を傷つける同じ力が自分自身を苦しめ、悲しましめ、最も大切であるはずの自分の生命力を消耗させます。これは人間にとって最も不幸な現象であり、この世の暗黒であります。この暗黒な不幸を救い得るものは、生命の最も純粋な愛の光に頼る外はありません。暗黒の中をいくら模索しても、光は決して見出せません。暗黒は実在ではなく、光の欠乏した状態にしか過ぎません。

ここに注意すべき大切な事は巷間往々にして口にする愛は、その実、誠の愛ではなく、己を愛するの愛、盲目の愛、己の空しさを補わんとするの愛、孤独の反動としての愛、奪う所の愛であり、即ち自我の愛であります。これらは愛の変形ではあっても、決して純粋な本来の愛ではないという事であります。これは却って自分も、他人をも傷つけ破る愛であって、偽りの愛であります。

ここに言う愛とは没我の愛であり、即ち己を超越した絶対の愛であり、与える愛であります。天意を実現せしめんとするの愛であり、天地普遍の愛であり、人間有情《うじょう》の盲目愛ではありません。天がこの世の女性に与えた母性愛は、天の生命の純粋な愛の、地上への表現であり、具体的結晶でありましょう。

世の若い母親達がその乳飲児に捧げる愛こそ、没我献身の愛であり、女性が、その一生の中で最も美しく輝いて見えるのは、この当時の母親であると言われるのも、決して偶然ではありません。あらゆる苦労を苦労とせず、むしろその苦労の中に、喜びをかみしめ、幸福を感謝する、母親の愛があればこそ、幼な児は、安《やす》んじて摂理のままに成長する事が出来る訳でありましょう。

人の親たるものは愛情こめて、我が子を養育する過程における諸々の苦労を通して、人間に寄せられている天地の恩寵と天意の幽遠さを知るのであります。私共はこの天与の愛の至宝を謹んで拝戴《はいたい》〔おろがみいただくこと〕し、以て己の幸福への道を拓き、更に人の世の楽園を築く事に鋭意努力する事にこそ、人間のこの世に生きる大いなる意義を見出すのであります。

四　報酬《むくい》の無い善行に幸福を見出せる人となろう

今日私共が社会生活を行なう場合、それぞれの職業を身につけ、官庁や会社又は個人の家などに勤務して、あるいはある仕事をして、その報酬として給料を貰い、家庭生活を享受するための源泉とする訳でありますが、ここに言う報酬とはもっと広い意味を含めております。人間は誰でも善い行いをしたいと願っております。

然し反面善い行いをした時にそれを認めて貰《もら》いたい、褒めて欲しいという心を持っております。人に親切な行為をして人から感謝される気持はまた格別であります。然しその期待が外れた時、人間は何か淋しい思いをいだき、その善行をしたことが損をしたような感じを抱くものであります。然しこのような感情は果たして正しいものでありましょうか。人間の本性として真実を求め、美に憧れ、善行を為そうと志す心があればこそ、進歩向上を目指して人類は遠い過去の未開な時代から、今日の文化的社会を築き上げることが出来たのであり、善行は人間にとって誠に尊い天与の宝と称すべきであります。

所が人の為に親切な心を以て善行をなした場合、それが自分にプラスになって返って来ない場合、これは所謂《いわゆる》〔俗に言う〕、報酬のない善行という訳であります。あの人に親切にしてやったのに、あの人は私に親切にして呉れなかったといって恨む、親切にしてやったのだから、親切にして呉れるのは当り前ではないかという前提がある訳です。ギブアンドテイク、これが世の中の常識となっています。正しいことをしてその報酬が与えられないと、正直者が馬鹿を見たと言ってくやしがる。その気持もあながち笑えないことではあります。

然し正直者は馬鹿を見たとくやしがる人間にはならぬこと。正直な行いをしたということは善い行いであり、その善い行いをした事に自ら満足し、自らを慰め、自ら誇りを持つことが出来たならば、そこに喜びと感謝が生まれ、幸福感に充たされる筈であり、これが何よりも大きな人生の生き甲斐であり、報酬であります。このような人は自らの心の中に天国を築く人であります。自らの善行に対してそれ以上の報酬を求める人は、その善行を通じて却って暗黒の地獄の世界を招く人であります。

この人達は決して善を愛する人でなく、善を手段として他の目的を果たそうとするのであって、これは決してその人を幸福にする所以ではありません。善い事をすることを楽しみ、その善の想念の中に自分の身を委ねておくことが、心の平安を招く最も卑近な方法であります。自分の善行に対して相手がどう反応するかということではなく、どう報いて呉れるかという期待ではなく、善の中に止まっていられる人間になることが大切であります。しかし求めない心が純粋であれば、人間はその純粋さに触れて、感動して、どうしてもその相手の善意や善行の万分の一でも報いないではいられない心を起こさせます。常識として人の善行に対して善意を以て報いることは、権利、義務の観念を超えた人情の自然であります。それ故に真と善を愛し、善の為に善を為す人は、人に求めず、善の行為の中に喜びを得、また求めずして二重の喜びを得ることになります。又、「正直者が馬鹿を見た」、「私は真面目に事をしたのに損をした」と言って愚痴をこぼす必要は毛頭ありません。

自分がそういう事が出来たことは生涯の誇るべき記録であり、宝であります。それにも拘《かかわ》らずこれを歎くことは自らその宝を放り出して了うことであり、破壊することであり、自ら自分の人格を傷つけることになります。そういう精神的貧民にならないようにしなければならない。

昔の人は「至善に止まる」と言っておりますが、善の為に善をなし、善をしなければいられない心が大切であり、これが精神的貴族ということであり、この心が周囲から期せずして祝福される結果となります。

中国ではこれを「積善の家には必ず余慶あり」〔易経〕と言っておりますが、世のため人の為に報酬を求めない善行を重ねる家には、予期しない慶びごとが舞い込んで来るという意味であります。

昔の人が陰徳を積むことを尊んだのもうなづけましょう。宝を天に積むとは、このことであります。

人間は誰でもその両親によって生まれ、成長して一人前の大人になる訳でありますが、親がその子を育むためには、色々な苦労や困難に遭遇します。しかし我が子への愛情から止むに止まれぬ心で苦労を苦労とせず、献身的な行動を通して、そこに生き甲斐を感じます。もし人の親にして、その子を養育した報酬を求める心があるならば、親の愛情は真の善行にはならず、我が子に恩を売る結果になり、このように育てられた人の子は、成長の後、その歪められた愛の絆から逃れるため、親に背き、親から離れ去る人となりましょう。もし真に子供への報酬を求めず、ひたすらに天意のままにまに成長を求めて、何物をも求めない親ならば、その老後には期せずしてその鴻恩《こうおん》〔大きな恩恵〕の万一に報いんとする我が子の温かい孝養を受ける人となる筈であります。当今、人情紙の如く薄く、潤いのない世の中であり、若い人々より敬遠される老人が多く、またこれらの老人は、淋しく人生の末路を迎えなければならないのは、やはり天意に背き、自我の愛を以てその子を育て、己の劣等感から、無意識の中にその子に己の夢を強いての結果ではあるまいか。凡《およ》そ人間にとって、年老いて後、その肉親から冷遇される程、悲しく不幸なことはありません。

時代が如何にもあれ、世の中がどのような風潮にもあれ、人の親たるもの、真に親たるの資格と、その自覚を以て天意を奉じ、愛と誠を以て、その子を天よりの預かり者として育むならば、後年、その子に背かれ、孤独な淋しく悲しい晩年を送るような事は断じて無い筈であります。その子は必ず孝養を尽し、満ち足りた晩年を過し、人生の終盤を飾ることが出来るでありましょう。

凡そ人の子を育てるのが投資であるならば、子供を養育する位不利な投資はないでしょう。その幼時に於いて寝食を忘れて幼児の世話をし、苦労をしながら教育を施し、一人前に成人すれば、女の子であれば、場合によっては借金までして、嫁入り支度をしてやり、その子の幸福を祈る訳でありますが、これを常識的な資本主義的理論から眺めるならば、このような不合理で不経済な投資はありません。然し現実には、人の親たるものは、その苦しみや不合理の中に人間としての厳粛な幸福感を味わう訳であります。

実に、人間がこの世に生きることの意義は、資本主義理論や、共産主義理論の水準を遠く遙かに超えた、崇高な生命の原理に導かれていることを知るべきであります。

我々がこの生命の原理を日常生活に生かし、隣人が、互いに一つの生命の原理に結ばれた同胞感の中で、生活が出来るようになれば、親はその子に報酬を求めることなく、また求めないが故に、又、人の子はその恩に酬いるべく誠心誠意を以って親に仕えんとする如く、隣人、知人がこの心を以て人に求めない善行を喜び、楽しみ、そこに幸福を見出す人間となったならば、世の中は大らかに平和で、素晴らしい、この世ながらの天国となり、人々は期せずして天の祝福を受けて、心身共に豊かな生活が出来るようになる筈であります。

所で、ここに善行とは、これを一言で規定することは大変困難であり、善とは凡そ悪に相対する言葉でありますが、一体何が善で何が悪であるかは簡単に世の中の事物や現象を二つに断ち分けて、善悪を規定することは極めて困難であります。厳密に言えば善の中にも悪があり、悪の中にも善があり、その善悪何れの中にも更に又、善悪が存するというように、極めて緻密《ちみつ》に検討しなければならない事でありますが、ここに言う善行とは愛と誠を以て親切で私心なく、おしなべて人の為、世の中の為になる生命を育む為の行いであると考えれば大方間違い無いのではなかろうかと思います。勿論、善悪の行為が、時処位によって、価値判断が異なって来ることは当然であります。

五　常に言葉を慎み　他人と自分の時間を大切にする人となろう

我々が人間としてこの地上に於いて社会生活を営む上に於いて、言葉は極めて大切な存在であることは、ここに改めて述べる必要もありません。人間が動物と異なる重要な一つに言葉があります。勿論、人間は天与の生命を持ち、言葉を通して我々の意志や感情または思想を他人に伝える恩典を戴いている訳であります。

この世に生まれて不幸にして言葉を用いる事も、これを聞く事も出来ない、聾唖者《ろうあしゃ》の惨《みじ》めさは見るに堪えないものがあります。この一事を考えてみても、健全な言葉を使い、また他人の言葉を聞くことが出来る幸福を改めて感謝すべきでありましょう。所が昔から「口は禍いのもと」などと言われるように、言葉の誤りから思わぬ失敗をし、他人を傷つけ、自分の人生を台無しにして了うようなことがあります。それ程極端でない場合でも、日常生活の中に於いて色々な悶着《もんちゃく》〔もめごと〕を起こし、自他共に苦しむような事になる事実は私共が常に経験している所であります。

戦後、民主主義思想が日本に受け入れられて、言論の自由が認められて以来、自由と放縦《ほうじゅう》〔わがまま〕のはき違いも影響して、言葉の乱れが著しく、人間関係の歪みに拍車を掛ける結果になっていることは、誠に遺憾な現象と言わねばなりません。慈しみのある温和な言葉が、人の心にどんなに光を掲げるか計り知れないものがありますが、これが逆に憎しみの言葉である時は、どんなに人の心を傷つけるかも知れません。不用意な一言の言葉が、これを聞いた人を死地に追いやる事さえありましょう。

言葉の本来の目的は前にも述べた通り、我々の意志や感情を言葉という波動を通して他人に伝えることであり、即ち対話の中で、意志の疎通が行なわれるものでありますから、先ず話をする前に、何を話すべきかを充分に考えてから口を切り、言葉は心の表現でありますから、言葉を慎む為には、先ず心を慎む事が肝要であります。

新約聖書ヨハネ伝に「初めに言葉あり、言葉は神と共にあり、言葉は神なりき」と記してあります。古代に於いては洋の東西を問わず、言葉が神性を持つものであるという信仰が人類の間に普遍しておりました。ヨハネ伝の原文はギリシャ語であって「ロゴス」を「言葉」と邦訳しております。漢語の聖書では「ロゴス」を「道」と表現しております。元来このギリシャ語の意味は、「言葉」であると共に宇宙の根本原理を意味しております。ドイツの哲学者マルティン・ハイデッガーは「言語は存在の家なり」と言っておりますが、つまり言葉の本質を究明して、その内部に這《は》い入って探れば、真理にめぐり合うことが出来ると言うのであります。

実際に於いて、言葉は内外を一つに合わせる驚くべき力を持っております。「まこと」即ち「真言」（真理のこもった言葉）は「真事」即ち客観的な真理があると共に、「誠」即ち主観的な真心でもあります。

禅宗の言葉に以心伝心《いしんでんしん》ということがありますが、言葉は心と心の触れ合いであり、言葉の背後には想念がありますから、お互いの想念が透明に浄化されて来れば、最少限度の温和な言葉で、お互いの心が通じ合う筈であります。

次に重要なことは対話において、AとBとの対話は飽くまで、AとBの親密さの関係における対話であって、AとCの対話でもなく、またBとCとの対話でもありません。原則として言葉を他に移すことは慎むべきであります。それ故にAとBの対話について、BがCに語る時はAの立場をよく考えて、AがCに対してどのような対話をするのであろうかという事を、良く熟慮して、Aの意志や立場を損《そこ》ねないような配慮が必要であり、この限度における対話をすべきであります。これが後日AとB、及びCの間において、様々な不快な問題を起こさぬための当然の常識であります。「親しき仲にも礼儀あり」という言葉がありますように、呉々《くれぐれ》も言葉に注意しなければなりません。その人の「人間の量」は礼儀を弁《わきま》えた量によって決まると言われますが、言葉が礼儀の中で果たす役割は、極めて重大であります。

それから俗人の言葉は平面的で単純でありますが、心魂の量が、豊かになるにつれて、短い言葉の中にも表面の意味と背後の意味など、色々と深い含蓄が込められるのが常道でありますから、簡単に自分の尺度で人の心の奥底まで推量して無責任な批判や早合点をすることは、自他に対して大変な冒瀆《ぼうとく》であります。言葉は天地の真実を語るべきでありますから、ゆめおろそかな言葉を発すべきではありません。然るに心の貧しい人々程、雑言《ぞうごん》が多く、無責任な言動が多い訳であります。心賤《いや》しき故の雑言であり、饒舌《じょうぜつ》であります。知っていることを黙って過す修練〔精神をみがききたえること〕が特に必要であります。古人も「言う者は知らず、知る者は言わず」〔老子〕と言っております。真実を知る者、心ある人はそう安直に口を開くことはありません。人間は雑言をする為に叡智的直観能力を喪失し、正しい判断や洞察力を低下せしめて、知らず知らずの中に、心魂の卑しい愚かな人間になり下って了います。古来の偉大な人物が饒舌ではなかったのは、この間の消息を物語るものでありましょう。西洋の諺にも「沈黙は金なり、雄弁は銀なり」と言っております。然し世の中を見渡しますと、このような常識を弁えず、この配慮を怠るために、知らずの中に他人を傷つけ、罪を犯し、天地を冒《おか》す結果になる場合が極めて多いことを知るのであります。

　次に時間の問題でありますが、考えてみれば人間の一生は時間の連続であります。然し、この時間が実際には、浪費され、お互いに自分と他人の生涯の一部を犠牲にしている事が多いのであります。ある人にとっての一時間は、他の人の数年間に相当し、ある人の一日は、他の人の七十年の生涯にも優る価値内容を有することがありますが、そういう価値判断を忘れて、自分の尺度で他人の時間を推し測って、大変粗末に扱って了う場合が多い訳であります。時間を粗末にすることは結局生命を粗末にすることであり、誰でも自分の命を大事に考えながら、実際には、その反対の行動をとっている場合が非常に多く、これは大変な矛盾と言わねばなりません。自分の時間を粗末にすることは自殺行為であり、他人の時間を粗末にすることは間接的殺人行為と言えましょう。更に多くの人を対象とする場合は一人の怠慢が、何十倍、あるいは何百倍、あるいはそれ以上の損失になる訳でありますから、会合などの場合も人の時間を大切にして、約束の時間を正しく守る習慣を身につけたいものであります。特に日本人の場合は、時間の観念が乏しいと言われますから、お互いに時間を有効に使うよう心掛けねばならないと思います。

今日のような忙しい時代になりますと、僅か数分間の浪費が、交通事故のもとになったり、汽車や電車、あるいは飛行機に乗り遅れた為に、予期しないような人生の重大な失敗をしたり、人間関係の紛糾《ふんきゅう》を来したりすることが少なくありません。今日のような原子力時代になりますと、専門家の間では僅か一〇〇億分の一秒の誤差が問題になる訳でありますから、日常生活における時間の観念をもっと厳格に考え、使用するような態度を身につける為に、努力を惜しんではならないと思います。これがやがて豊かで緻密な人間を築き上げるための尊い基礎となります。更に哲学、又は宗教の問題に関連して、時間の概念はもっともっと厳密な論究の対象となりますが、ここでは一応割愛しておきます。

ただ一言だけ申し添えますと、時間の概念は心の次元の切り換えに従って変化し、その質、量共に無限の変化を展開するものであります。時間とは一般的、常識的に考えるような単純に、過去から未来に向かって流れるというようなものではありません。それ故時間を真に有効に使用する為には、常に時間を過度に意識したり、時間に束縛される生活ではなく、何時も自分の仕事や勉強においても、時間を忘れてそれに熱中し、自分が仕事や勉強と一つになれるような努力が大切であります。人間は必要以上に時間を意識する為に、却って精神的に消耗し、精神の集中が出来なくなり、仕事や勉強の能率を低下させ、更に老衰現象を早める結果になる訳であります。

改めて日常生活と時間との重要な関係を反省すべきであると思います。

六　平和を愛し正邪善悪を超えて争いの心を持たぬ人となろう

この世の中で平和がどんなに尊いものであるかは、改めて言う迄もありません。個人の心の平和、家庭の平和、一国の平和、引いては世界の平和を求めない人はありません。心に平和が蘇《よみがえ》った時、我々は明るく楽しい気持に充たされ、生きていることの幸せを深々と味わい、天地を謳歌《おうか》したい気持が自然に湧いて参ります。しかし世界の歴史を繙《ひもと》いて見ますと、人類の歴史は、マルクスの言い草ではなくとも、闘争の繰り返しであることは否《いな》めません。昔エジプトの学者が国王の命により、苦心惨胆の末に、万国史を編《へん》纂《さん》して献上しましたが、国王は既に重病の床にあり、万国史を読む気力も無くまた余命幾許《いくばく》も無い状態であり、万国史の内容をかいつまんで説明するよう命じた時、その学者は「人は生まれ、人は苦しみ、人は死す。これが万国史の内容であります」と言ったと伝えられています。悲しい事ながら、エジプト文化以来数千年、原子力時代の今日に至る迄、この言葉は人類史の真実を捉えて変わることがありません。

人類の未開な時代には、自然の暴威や野獣などの脅威から身を守るために、あるいは食物を得るために苦労し、時代の変遷と共に、武器も次第に進歩し、大量の人間の殺傷が行なわれるようになり、特に一八六七年ノーベルが爆薬を発明して以来、兵器の破壊力は飛躍的に増大し、第一次世界大戦においては、人類は未曾有の大戦を経験致しました。戦争の惨禍に戦《おのの》いた世界は、国際連盟を創設して各国が加入し、紛争の平和的解決を念願して、世界の永遠平和を誓い合ったのも束の間、その二十年後には今次第二次世界大戦が勃発《ぼっぱつ》し、遂には残虐な原子爆弾の出現を見るに至り、広島、長崎の悲劇となり、一瞬の中に数十万の罪のない国民が殺傷されて、無惨な阿修羅《あしゅら》の巷と化したことは、一億国民の記憶に新たな所であります。戦後二十余年、原子力エネルギーの開発の進歩と共に、核兵器の破壊力も驚異的に増大し、強力な各種核兵器の量産により、一度、核戦争が勃発すれば、人類は破滅の危機に瀕《ひん》〔せまる〕することは火を見るよりも明らかであります。

今や人類は平和の問題について真剣に、且つ根本的に熟慮究明して、人類の活路を見出さなければならない時であります。またこのために、多くの識者や人々によって平和への道が探究されていることも事実でありますが、その決め手を見出しておりません。

戦後二十余年の国際政治の焦点は、米ソ二大陣営の平和への力の対決に終始したと言っても過言ではありません。我が国における政治もまた当然、この二大陣営の力の対決に大きく左右され、それは、延《ひ》いては国民生活の隅々にまで、重大な影響を及ぼしていることは言うまでもありません。

国際間の平和を脅《おびや》かす重大な原因は、自由主義思想と唯物的共産主義思想という、思想的意見の対立による政体及び経済政策の相異、並びに国際的経済競争の過熱などによることはもとよりでありますが、その他に宗教問題、人種問題、教育問題、需要供給のアンバランスの問題、人口問題、国防問題、交通戦争問題などなど世界の平和及び国家の存立と国民の福祉に重大な障碍《しょうがい》をなすものが山積されております。そしてこれらの難問を抱えた米ソ二大陣営は、厖大《ぼうだい》な軍事力、経済力をもって平和を維持しようとして、計り知れない程の物心両面の莫大なエネルギーを消耗して、尚且つお互いにその決め手を持たずに、相手の攻撃を恐れて寧日《ねいじつ》〔やすらかな日〕のない現状であります。このように眺めて参りますと、平和を脅かす原因は色々ありましょうが、これを根本的に究明して参りますと、畢竟《ひっきょう》〔つまるところ、結局〕、人間とは何か、人間とはどう生きるべきか、生命とは何かなど、少し難しく言えば、人間観、世界観、宇宙観の問題に極めて密接に関連して参ります。人類の文化史を通算して約一万年、人類は常に平和を求め、幸福を願わない人は一人もいなかった筈であります。然るに人類は、未開な野性的状態から、原子力エネルギーを解放した今日の文化生活の時代に至るまで、生存への恐怖、心の苦悩を脱却して、真に生命の歓喜と人間の安心立命を与え得なかった点に於いては変りがありません。本来人類の福祉の為に出発した自然科学も、その外面における絢爛《けんらん》たる様相に引き換え、内面的には現代の知性人に生命への恐怖を助長させる重大な要因を与え、心の平安を求めることは一層困難な状態になりつつあります。そして二十世紀の今日は、精神病の時代と言われております。このような状態は極めて矛盾した現実と言わねばなりません。これは一体どうしたというのでしょう。これには色々重大な理由がありましょうが、帰する所は未開な時代から文化的な今日に至るまで、おしなべて、従来の人間観、世界観、宇宙観に重大な欠陥が存在したからであると言わねばなりません。人間ということを余り安直に考え過ぎていたからではないでしょうか。小は身近な個人の問題から、大は国際間の問題に至るまで、結局は人間の心の触れ合いであります。従って人間の心というものが一体どんなものであるのかということ、及びそれを最も有効に使うにはどうすべきであるのかというような問題に対して、余りに安易な考え方をしてきたのではないでしょうか。精神界における高次元の自然法則を無視して、単なる平面的な合理主義で、自分自身を、人間を、世界を宇宙を理解しようとした所にありましょう。

我々が、生命の原理の高次元性を無視して、単なる平面的、合理的に片付けようとすれば、自分自身の心の奥底に、自己破壊的衝動を造り上げて了っていることを意識せずに、ひたすらに我々は健康で、努力し、向上し、進歩し、成功し、幸福になろうとします。然し反面において、無意識的には、我々は病気になり、退化し、失敗し不幸になることを求める心の動きが大きく作用して了うことに気付きません。このことは生命自身の存立にとって極めて重大な恐怖となります。この心の奥底における恐怖は、潜在意識的には破壊的闘争の形をとって参ります。こうして心の核に自己破壊的衝動が存在しますと、意識的にどんなに、平和で、幸福であろうと努力しても、結果的にはその逆な、不安で、不幸な状態がその人の環境を形成して了います。即ち、心の投影ということであります。世の中の革命家や正義漢、平和運動などに携わる人々の中には、実は自分自身の内部の破壊的闘争的エネルギーの存在に気付かぬ者が多くおります。外面的には如何にも正義と平和を愛する、不合理な環境との戦いの如く見えてもその実、自分自身の内部の生命を破壊するエネルギーとの戦いであり、外部の現象は、己れの内部の姿を客観化したものに他なりません。釈尊が「三界は唯心の所現」と言っているのも、この辺の消息を教えたものでありましょう。

所謂《いわゆる》歴史上の英雄が天涯孤独の境涯から奮起して、一世を風靡し、正義と平和の名の下に、社会に重大な波乱を呼び起こしている例は、決して少なくありません。これは優秀な才能を与えられた英才達が、その幼少において、幼い生命を虐げられ、自己破壊的な衝動を造成した為に、復讐を実現することによって、自己破壊的衝動から逃れたい無意識の要請によるものであります。例えば、ナポレオンの如く、マルクスの如く、スターリンの如く、ヒットラーの如く、その幼少における境涯の悲惨さを考え合わせるならば、思い半ばに過ぎるものがありましょう。人間の心の核には生の本能と死の本能がありますが、これを建設性と破壊性と呼んでも差し支えはありません。これが適当に外部に表現されないと自己破壊的になります。この自己破壊的衝動を防ぐ為には、幼少の時より、愛の本能を健康に育むことが最も大切であります。これをいたずらに抑圧することは、決して生命の原理を尊ぶ所以《ゆえん》〔理由〕ではありません。心の核に歪みがあると、平常は平和で幸福そうに見えても、外部からの非難や中傷あるいは困難に遭遇すると、これらに呼応して、心の深奥《しんおう》の憎しみや、悲しみや、嫉妬心などの闘争心が頭を擡《もた》げて、忽《たちま》ち心の平和は乱されます。心の核が創造的愛の本能に充たされた時、人間は初めて真の心の平和が蘇り、波長相応の理によって、自らの周囲に平和で、幸福な環境が顕現するのであります。「人を見れば、泥棒と思え」という諺がある反面、「渡る世間に鬼は無し」と言う格言の存在することも忘れてはなりません。人間には自由意志が与えられており、その何れの生き方をするかは、勿論その人の自由でありますが、人間が真に幸福を求めるならば、「渡る世間に鬼は無し」という人生観を持って、人生を送ることが出来るような、心の核を形成することが望ましいと思います。

人間は誰でも長生きしたいという本能を持っております。然し社会機構が複雑になるにつれて、外来の刺戟が多くなり、人命を脅かすような要素が増大します。そこで生命の自己保存の本能が働いて、この外来の刺戟を心の核に迄伝達せしめない為の、緩衝地帯を作り上げます。こうして人間は本能的に自己破壊を防ぐことによって、長生きしようと努力します。この自己保存の本能としての緩衝地帯の発見が、即ち宗教であるとある学者は言っております。これには宗教の一面の真理があると思われます。宗教は恐怖に始まると言われる所以もここにあります。この説に従えば、宗教は自己破壊的衝動を克服する為に人類が発見した、幸福への「生活の智慧」と言うことが出来ましょう。イエス・キリストが「汝等、祭壇を設けて神を礼拝せんとせば、先ず、汝の兄弟と和解して来たれ」と教えているのも、心の深奥の中核に、憎しみや悲しみ、または復讐心や嫉妬心があっては、どんなに神に祈っても、波長相応の理によって、神の恩寵には与れないという、この深層心理の真実を教えたものであります。人間の内奥の宗教的霊性は、単なる平面的合理性によっては到達出来ない領域であることは、既に西洋の学者達によって究明されておる所であります。

それから、正邪善悪と言っても、人間は近視眼的自己の尺度で計って了うことが多いわけであります。何れが正であり、何れが邪であるか、あるいは何れが善であり、何れが悪であるかは、時処位によって、千変万化するものでありますから、そう簡単に合理性だけで規定することは出来ません。既に大自然は大らかであり、人間にとっては不必要、あるいは極めて有害と思われるものでも、包容し、育んでおります。

一例を挙げるならば、人畜の排泄物や汚物、または炭酸ガスの如きは、人間にとっては極めて有害な悪魔的存在でありますが、これらは植物及び水を媒介として、太陽光線の恩恵により、立派に再生命化して、人類の生存に必要欠くべからざる栄養や酸素の供給源となって呉れております。創造の偉力の存する所、最早や卑俗な正邪善悪の矛盾を超越して、常にこれを包容摂取して、大自然の調和を現出しております。

自然は確かに偉大な生命力の源泉であり、生命の合目的性を如実に示して呉れる、驚歎すべき人類の師表《しひょう》〔人の師となり手本となること〕であります。我々人間はこの自然界の被創造者として、自然の理法に即した生活方法を取ることは、最も科学的且つ合理的生活規範と言うべく、これは一身に於いて然り、一家に於いて然り、一国に於いて然り、はたまた世界に於いても同様であります。

大自然の豊かなるが如く、然るが如く、我々人間も亦、宇宙の縮図たるの自覚に於いて、切に自然に学ぶ所がなければならないと思います。生命の法則は、内部にあって、外部には無いことを知らぬ人々は、外来の色々の障碍を恐れ、戦《おのの》き、自らを破壊してしまう結果になります。水蓮の花は泥沼の中にありながら、それに災いされることなく、美しさを全うします。我々人間も亦、八苦の娑婆にありながら天地に卓越した人の子となり、天地の荘厳に、地上の白蓮の美を添えるべきであります。

七　深い思慮と正しい信念を以て時処位に応じた行動をする人となろう

「人間はか弱い葦である。しかしそれは考える葦である」と西洋の哲人は云っておりますが、人間が動物と異なる所以は、考える能力があるからであると云っても過言ではありません。

人間が社会生活を行うには、色々な行動が伴いますが、あらゆる行動に先行するものは精神力であり、考える能力も、その精神力の一つの働きであることは申すまでもありません。

自然科学の歴史に輝かしい金字塔を打ち立て、宇宙観と現代社会に画期的変革を齎したアインシュタイン博士の相対性原理は「思惟の勝利」と云われております。即ち実験的結果を基にした原理ではなく、人間の思惟能力を駆使して到達した結論が、後日他の学者による実際の実験的結果によって、その正しさが証明されて、彼の偉大さが世界に轟き渡った訳であります。このように人間は深く考えることによって、自然界の現象の奥に潜む真理を把握することが出来ます。我々人間に与えられた精神力の偉大さを改めて痛感するものであります。

我々がこの世の中に生活し、理想を抱き、進歩し、向上し、憧れ、喜び、悲しみ、愛し、悩み、憎みながら、真・善・美に憧れ、より良い生活を求めておりますが、その根底には考える力があります。考えるということは語源を辿れば、カミムカエル（神迎える）が縮んだものだと云われています。即ち考えるという事は神、即ち創造の原理に到達することになります。従って、深い思慮とは、あらゆる表面の現象を超えて、真実を把握する為に思いを廻《めぐ》らすことであります。

我々は目標物を捉えるのにレーダーを使用しますが、人間の想念は一種の精神波動であり、電波も遠くまで伝播し、レントゲン線なども波長の短い程内部まで透過するように、人間の精神波動も精妙になる程その滲透力が大きく、その影響する範囲も拡大される訳であります。

正しい行動をする為には、より高く、広い視野と複雑な条件を考慮に入れて的確な判断をする必要があります。その為には心身の調和が必要であり、精神力が最高に働かねばなりません。この心身の調和を乱すものは、不平や不満、怒りや悲しみ、または嫉妬心や絶望などの破壊的想念であります。逆に心身の機能を高めるものは喜びや、感謝や恭敬さ、純粋さであります。

日常生活に於いて、幸福な生活を期待し、人の為、世の為に貢献していける為には破壊的な想念を捨て、明るい建設的な想念の中にいつも身を委ねていなければなりません。このようにして初めて深い思慮と正しい信念（正しい心の在り方）が生まれます。

正しい信念とは、精神界における高次元の自然法則に信を置き、理解することによって生まれるもので、正しい心の方向は自然に定められて参ります。無理矢理背伸びしても正しい信念は持てるものではありません。却ってそれは心の歪みを生じ、迷信を生む原因にさえなってしまいます。

迷信と云えば何か宗教的な迷信のみが考えられ易い訳でありますが、この世の中には誤った信念、即ち誤った心の在り方によって、どんなに自分と社会を冒《おか》していることか。人の噂を鵜飲みにしてそう信じ込んで確かめる努力をする事もせず、自他に対して罪を犯す人、また、医師や薬が病気を治すものだと信じ込んでいる人、ビタミン剤などのアンプルを無雑作に飲めば疲労恢復になると信じている人々、自分が不幸になったのはあの人のせいであるとか、環境が良くならなければ絶対に幸福になれぬものと信じている人や、特価品を買いあさることが、真に経済的であると信じている人、などなど数えればきりのないことでありますが、これらが如何に誤った信念であり、人生の幸福を阻害しているかは想像以上であります。

「幽霊の正体見たり枯れ尾花」という川柳がありますが、現代の知性人と称する人々が何と多くの「誤まれる信念」という幽霊を背負って生涯を過しているか、枚挙にいとまがありません。

然し、人間は「失敗は成功のもと」などと云われるように、実際体験して見ないと仲々分かり難いのも事実であります。世の中の生活が複雑になるにつれて人間関係も難しくなり、動機は純粋であっても、結果は失敗に終り、非常に悲しい思いをすることが多く、その努力の量に応じて悲しみも倍加されるというものです。然し人間はその失敗を失敗に終らせずに、失敗を二倍の成功で取り戻す努力が必要であります。あるいは動機の純粋さのみに捉われて、知らずの中に他人に迷惑を掛け、罪を天地に積んで平然としている場合も少なくありません。

いかに動機が純粋であっても、失敗をする原因に思慮の足りなさが極めて重要な原因となることは勿論でありますが、その他に、人間関係に於いて屡々《しばしば》大きな失敗をして自他を傷つける原因に、時、処、位の問題の誤りがあります。

即ち、正しい行為を行う為には、正しい時と、場所と、人の人格的及び社会的地位を考慮に入れて行動しなければなりません。例えば、同じ御馳走《ごちそう》でも、空腹の時であれば、その御馳走の美味しさは倍加されますが、逆に満腹の時や、深い悲しみを心に抱いている時は、いくら御馳走を勧められても少しも魅力がありません。また綺麗に清掃された部屋で、しかも美しい花などが飾られた食卓で、音楽を聞きながら頂く御馳走と、うす汚い部屋や汚物の悪臭がひどい場所で頂く御馳走は雲泥の差がありましょう。

またどんなに腕によりをかけて作った御馳走でも、お客の嫌いな食事であれば御馳走の意味が無くなるという訳であります。またお客として食膳に着く場所も、部屋に通された坐る場所も、時処位によって自《おの》ずから異なるべきは当然であります。

ある人に忠言を与えるという場合でも、その忠言の内容が、一般論的には正しいものであっても、その時と場所と人によって、その価値は大きく変って了います。例えば、同じ忠言でも、当人の誤りや欠点などを指摘するにも、一対一で話すのと、大勢の無関係の人前で、難詰《なんきつ》して恥をかかせるような態度とは、受け取る側からすれば大きな差が生じて了います。大勢の人前で非難された場合は、理屈では、そうと認めていても感情的に却って反撥することになり、結果的にはマイナスになることが多くあります。これは結局自分の対象を軽んずることになるからであります。自分の対象を軽んずることは、そのまま自分を軽んずる事になるし、自分を軽んじているから、自分の対象も軽んずるようになる訳であります。それは、その時々の現実の、生活にプラスになるものを追い、必要のないものを無視することになります。そして自分が自らの自由意志によって、当然の事をしたのだと思っているのとは正反対に、それが自分の間違いであったこと、自分の自由意志が、実は誤った我儘《わがまま》であったことを知る時は、それだけの辛い思いを経験するのが世の常であります。

自分を尊重していると意識しなくとも、自分の対象を大切にするということは、自分を大切にすることになります。また自分の対象を尊重すると意識しなくとも、実際自分を大切に考える人は、自分の対象を大切にしているものであります。

自分の対象を大切にするといっても、勿論自分が精神的に大人になっていなければなりません。即ち自分自身の長短を理解しておらなければなりません。そして、常に自ら修練して新しい自分を発見し、その道筋を辿って行くことによって、その対象を大切に扱うことは、逆に自分を一段と掘り下げて行くことになります。

それ故に、その途に忠実な人は、自ずから天地の摂理のままに、自分の対象を尊重する故に、その余徳がその身に返り咲き、気付かぬ中に一段と高い自分になって行くのであります。

自分が正しい生活をしていないと人の欠点が目立ち、人を責めたくなります。自分が充ち足りた生活をしていると、反対に人から素直に教えを受けたい気持になる。これが心の法則であります。真理は時処位に従って表現される多義、多層のものであることを知らねばなりません。

高いものを低く云うのは、その人が低い心にあるからであり、低いものも低しとしないのは、自らが高きにあるが為であります。天地がいとも素朴、単純、粗雑に見えるのは、見る者の心にあるのであって、天地は誠に玄妙《げんみょう》〔幽玄で微妙なこと〕であります。我々は自らを誇大することなく、他を軽蔑することなく、天地の真理に違《たが》わぬよう心掛けるべきであります。その為には自《みずか》らの心の絶えざる統一と開発を計るべきであり、この事が習い性となれば、頑迷な人の子も自ら柔軟精妙な心の持主となりましょう。世の中には己の頑迷を知らず、他人を頑迷として非難する人の多いのは悲しい極みであります。

人間の量は礼儀を弁《わきま》えた量であると前述したが、礼儀とは位を分かつことでもあり、人間の量は位を分かつ量であります。時処位に応じて、その位を自由自在に変化出来る人は、人生を深く究めた人であり、何とかの一つ覚えで真理とは電車の軌道のように固定されたものであると考えるのは、心の低劣な人の考え方であります。その対象により、ある時は男になり、ある時は女になり、またある時は老人になり、幼な児になり、貴賤貧富を超えてその人の心の中に溶け入ることが出来なければ真の人間とは云えません。人間とは文字通り人と人との間の関係の中に生きることを意味する存在であり、真実の生き方とは一面に於いて普遍的真理を包含すると共に、他面に於いては複雑な個々の条件を吟味し、正しく適合するものでなければなりません。

昔、孔子の弟子が「我が村には正直者がいる。父が羊を盗んだ。所がその子が警察に訴えた。何と正直な子供であろうか」と誇らしげに孔子に述べた。ところが孔子の曰く、「我が村の正直者はそうではない。我が村の正直者とは父が羊を盗んだら、その子はこれを隠す。その行為の中に正直があるのである」と戒めている。

勿論、人の物を盗むことが、どんなに悪い事であるかは、孔子も先刻十二分に承知の上であるが、「孝は百行の基」と説いた孔子の思想に於いては、親子の位の尊厳さ故に、親の恩義の深甚《しんじん》〔非常に深い〕さ故に、一般論的、平面的な正直の美徳に優先して、その父をかばう心情の方が、人間として大切であることを述べたのでありましょう。これは決して嘘を云ってもよいという事を意味しない。そこには人生の一途な真実がなければならない。事実に生きることは容易であるが、真実に生きることは難しい。例えば、指名手配の凶悪犯人が、逃げる途中、川に落ちて溺れようとする子供を助けた場合、社会的には憎むべき凶悪犯人ではあるが、その救われた子供及びその親にとっては、命の恩人である訳であり、その人が犯罪者であるか否かは論外である。犯罪者としては国家が裁くことで、その当人またはその親にとっては最愛の子供の命の恩人としての礼儀を尽すことが真実の人の道であり、更にその恩に報いる意味に於いても、その犯人が一日も早く更生の道を歩むことが出来るよう、陰に陽に努力することが望ましい事であります。

凡そ人の親にしてその親たるの位に安住し、その権威を振りかざすことにだけ熱心な親は、親たるの資格が無い。親は親の位として尊厳であることは当然であるが、親が子供に物事を命令する時の親と、子供に物を尋ね教わる時の親の位は、同じ親であっても、その位を異にするものである。親子という絶対の間柄に於いても、その時処位に於いて師弟の関係が成立するのである。従って教える子供は師であり、教わる親は弟子でなければならない。それ故にその間には師弟の道が行われなければならないのは当然であります。

この場合一般論的親の権威のみに拘泥《こうでい》〔こだわる〕して、その子に教えることを強要するのは、真に親の権威を保持し子供の敬愛を繋《つな》ぐ所以ではありません。

このような事は夫婦、兄弟、恋人、先輩、後輩、隣人などなどの場合にも同じことが云えるのは勿論である。人の上に立つ者は教えるよりもより一層、万物から学ぶことに熱心でなければなりません。

従って教育者が教育者らしく、政治家が政治家らしく、また、宗教家が宗教家らしく、そして芸術家が芸術家らしく見える中は、本当のその道の達人とは云い難い。尤も今の世の中では教育者らしい教育者、政治家らしい政治家、宗教家らしい宗教家及び芸術家らしい芸術家すらも、仲々見当らない実状であるが、人間が真実に真理の門を叩くためには、この厚い壁をどうしても突き破らなければなりません。

この為には人間はいつも純真な素直な態度で正邪善悪を超えて、相手の言葉に一度は耳を傾ける天真爛漫な童心が必要であります。

古来の聖賢は侵し難い威厳を持っている反面、いやその故にこそ、この童心の持主でもあったことは事実であります。

時処位に応じた行動とは、所詮柔和な童心を以て無限に心の切り換えが出来る、変化自在の心の在り方に依存し、真理に目覚めた信念が織りなす、愛の種々相でありまます。だが愛の姿は変化夢幻なのではありません。愛は我々の実存の姿にしばられております。我々の人間としての生き方、在り方、その実存構造が、愛の姿と構造を決定しま

料金受取人払郵便

大阪北局
承　認

6123

差出有効期間
2023 年 5 月
3 1 日まで
(切手不要)

郵便はがき

553-8790

018

大阪市福島区海老江5-2-2-710
㈱風詠社
愛読者カード係 行

ふりがな お名前		大正　昭和 平成　令和　　年生　　歳	
ふりがな ご住所	□□□-□□□□	性別 男・女	
お電話 番　号		ご職業	
E-mail			
書　名			
お買上 書　店	都道府県　　市区郡	書店名	書店
		ご購入日	年　月　日

本書をお買い求めになった動機は？
1. 書店店頭で見て　2. インターネット書店で見て
3. 知人にすすめられて　4. ホームページを見て
5. 広告、記事（新聞、雑誌、ポスター等）を見て（新聞、雑誌名　　）

風詠社の本をお買い求めいただき誠にありがとうございます。
この愛読者カードは小社出版の企画等に役立たせていただきます。

本書についてのご意見、ご感想をお聞かせください。 ①内容について
②カバー、タイトル、帯について
弊社、及び弊社刊行物に対するご意見、ご感想をお聞かせください。
最近読んでおもしろかった本やこれから読んでみたい本をお教えください。

ご購読雑誌（複数可）	ご購読新聞
	新聞

ご協力ありがとうございました。

※お客様の個人情報は、小社からの連絡のみに使用します。社外に提供することは一切ありません。

す。愛の構造というのは、実はより正確には、愛の実存的構造というべき事柄でありま
す。ちっぽけな浅い心の人が、深い豊かな愛を夢見てもそれは無駄な事だし、心の醜劣《しゅうれつ》
な人が清純な愛を願っても、それは無駄でしょう。
　深い愛は深い心を必要とし、清い心に清い愛が宿り、少年には少年の恋が、そして中年には中年の愛の曲折があります。然し一方では、男も女も誰も彼も等しく人間であり、愛は多様であると共に共通性を持っております。愛は自然な固有なものであると共に、普遍的抽象的な面も持っております。
　然し、何れにしても愛は我々の人格から生まれることは確かであり、人生は生きることと自体が修行であります。
　我々は常に叡智に目覚めた深い思慮と正しい心の在り方により、万法に証せられる天地卓越の人となるよう常不断に努力すべきであります。

八　創意工夫と熱意を以て常に進歩向上を志す人となろう

「人間は創られつつ創るものである」と云われますが、人類が過去の未開な時代から、今日の輝かしい原子力時代を迎えることが出来たのは、人間の心の中に潜《ひそ》む創造性に依存することが絶大であると云わねばなりません。我々は今日文化的な生活に馴れて、その恩恵を、日常余り意識せずに過している場合が多い訳でありますが、一度眼を翻《ひるがえ》して、我々の周囲をよく振り返って見ますと、そこには、我々の祖先が人生の幸福を求めて、創意を以て工夫を凝らし、粒々辛苦して、発明や発見をなし、今日の文化を開拓した跡が如実に窺《うかが》えるのであります。

人間は誰でも自由を求めておりますが、自由を求める所以は、限り無い可能性を追求して止まないからであり、その可能性の根源は、実にこの創造力に依存しているものであります。創られたる人間、限りある人間が、自由を求め、限り無い可能性を求めて止まないのは、所詮、創造力の無限の可能性と、不死なる永遠を求める心情に外なりません。即ち創造の原理に到達せんとする、切実なる念願であります。これは人間が万物の霊長と称せられる所以でありましょう。人間の創造力が開発された時、そこに学問が生まれ、芸術の花が咲き、宗教、政治、経済その他諸般の文化活動が展開するのでありま す。創造とは、もとより無より有を生ずることであり、限りない自己発展であります。これを少し難しい言葉で表現すれば、「表現の野に於けるロゴスの自己展開」でありま す。人間が創意工夫を以て進歩向上を志すのは、とりも直さず、生命の原理を最高度に活用することであり、生命の故郷を求めることであります。従って人間の心の中に托された創造性こそ、人間が生きようとする希望の源泉であり、また人間の人間たる所以でもありましょう。この創意を以て人間は地上に霊長として、地上経綸の事業を通して、間接的に天地の創造に参与することになります。この地上は決して完成された世界ではありません。我々は人の子として、創造性を賦与《ふよ》された、地上の神の子としての自覚を以て、人類の福祉と世界の平和に寄与し、地上楽園の実現に邁進することこそ、人の子の天与の使命でなければなりません。人間の心底深く秘められた神性とは、この自由な創造性に外なりません。人間が真・善・美を求めて止まないのも、この創造の原理に到らんとする、ひたすらなる努力でありましょう。

この創造性の必要が要請されていること、今日より切実な時代はありません。ソビエトが一九五七年に、アメリカより一歩先んじてスプートニクを打ち上げたことから、アメリカではその遅れを取り戻そうとして、科学技術の振興政策を取り、科学教育の向上、科学技術者の増員、更にその質的向上を求めるようになりました。そのような訳で、人的能力の開発が国策として取り上げられ、特に科学技術者の創造性の開発が重要視されるようになったのであります。

この動きは我が国にも導入され、経営者、管理者、科学者、技術者などの人的能力の開発が要請され、特に創造性の開発が要請され、重要な課題となって来ました。

最近の職場について見ますと、職場では、はじめは教育訓練コースがあり、教育や指導をして呉れますが、経験を積み、責任を委されるようになりますと、自分で自分の能力を伸ばしていかなければなりません。このことは自己啓発と呼ばれており、職場における人間形成の基本原理であります。即ち課題は与えられるが、誰も教えて呉れません。日々に新しさを要請される仕事では、誰も教えることが出来ないのであります。自分で創意工夫して道を切り開いて行かなければなりません。

日本の教育界でも、漸《ようや》くこの創造性の開発に着目し始めた段階であります。創造性の開発には、学習の能率化が先ず行われなければなりません。即ち基礎的な知識や技術の習得を正確に、しかも迅速に行うことが必要であります。その意味で、プログラム学習や視聴覚教育等の教育の技術化も、併せて強力に押し進めなければなりません。技術革新に伴い、職場は急速に変化し、既に習得した知識や技術はもはや役に立たなくなります。技術の進歩に応じて、新しい知識と技術を絶えず学習して行く必要があります。いわばどんな環境にも適応していける能力を持った人間、これは創造的人間の特徴の一つでありますが、このような人間が、今日の社会では最も望まれているのであります。人間と機械とどちらが頭が良いか？こんな問題がまじめに討議されるようになりました。人間の能力の機能は、知覚、記憶、思考（判断・概括・推理）などに分けられていますが、それぞれの機能を、機械が代って行うようになって来ました。特に電子計算機の発達により、人間の頭脳の働きを、一つずつ機械にやらせることが出来るようになりました。今後人間の機能もどんどん機械化されるでありましょうし、予測というような難しい機能も、機械化されつつあります。しかし、創造ということになると、機械が十分になし得るまでに至っておりません。最終的な判断は、人間がやらなければならないものとして残されております。人間の機能で機械が出来ることは機械にやらせて、どうしても人間でなければ出来ないことだけを、人間がやるようにします。そこで人間が出来ることで、しなければならないことは、創造活動だと云えます。

それでは創造活動を促進する為には、どのような条件が必要でありましょうか。それは先ず、緊張と弛緩《しかん》のバランスを考慮しなければなりません。現代の生活では、私たちは高度の緊張を要求されております。その為、とかくその緊張が過度になり、ノイローゼやそれに近い状態が生まれて参ります。よく「教育ママ」、「育児ママ」と云われる教育熱心な母親は、子供を良く育てようとして、却って子供の心を歪めて了うことがあります。子供の立場になって考えたり、感ずることが出来ず、自分の虚栄心や欲求から、自己流または書物で習った理想像を、子供に無理に押しつけようとします。子供はその圧力から来る緊張に堪え切れず、欲求不満に陥り、色々な神経症や、心身症が現れて来ます。緊張し過ぎては、物事に注意が集中出来なくなります。日常生活の活動がスムーズに行く為には、緊張し過ぎても、弛緩し過ぎてもいけません。創造活動は、寧《むし》ろ緊張と弛緩のバランスのとれた時に生じます。アイデアは緊張から弛緩に移る際に生れることが多いと云われます。そこで、生活の中に緊張と弛緩にリズムを利用することが好ましく、そういう意味で、だらだら仕事や勉強をするよりも、仕事や勉強の時間と、休息とレクリエーションの時間とを、はっきりさせて行く習慣をつけることが必要であります。

次に、創造性を開発する重要な条件として、心理的自由があります。心理的自由というのは、行動的表現の自由ではなくて、象徴的表現の自由ということであります。行動的表現は、社会から制約を受けますが、象徴的表現は、外部から何等の制約も受けません。心理的自由とは、自己自身から解放されることであります。その為には自己のとらわれから離れなければなりません。創造過程においては、自分自身を経験しなければならないということであります。逆に云うならば、自分自身を経験することが出来れば、自分自身が無くなって了います。そこに自分という限界を超えて「わたしはわたし」であると共に「わたしはあなた」であることになります。要するに、自己は対象と一つになってしまいます。自己を忘れて、そのものになり切って了います。こういう意味で、自己は他者と一つになって了うという体験が実感されます。こういう状態において、科学上の発見、芸術におけるインスピレーション、または宗教上の悟り、カウンセリングにおける洞察が行われることが少なくありません。

この境地を禅やヨガでは、サマーディ（三昧＝自然と一致すること）と呼び、その修行の求める、最高の境地とされております。これを行動の面から云えば、自然に振る舞えるようになることであります。つまり外部からの圧力を受けず、また心の中の制約もなく、自由に行動することであります。これが所謂解脱《げだつ》であり、心理的自由と言うべきものであります。孔子が論語の中で「七十にして、心の欲する所に従えども、その矩《のり》を踰《こ》えず」と云っているのが、この境地でありましょう。

それでは、こういう心理的自由を得る為には、どうすべきかという問題が残ります。それには心の中の葛藤に気付くと同時に、これを知的にではなく、感情において受け入れることであります。即ち葛藤から逃れようとせず、また逆らおうともせず、それを有りのままに受け入れるのであります。このようにして、初めて超越が出来ます。目前の苦痛が余り気にならなくなるのであります。そして、はじめ葛藤として自己に対立していたものが、次第に対立しなくなります。行き詰まっていた問題が、自然に解決されてしまいます。これが心理的自由の一つであります。創造性が抑圧された時、諸能力が開発されないばかりでなく、そこにはノイローゼ、精神病や非行が起こって参ります。

現代の日本の情勢は、まさに創造性の抑圧から起こったものと云えましょう。道元禅師は正法眼蔵《しょうぼうげんぞう》の中で、次のように云っております。「自己を習うと云うは、自己を忘るるなり。自己を忘るるというは、万法に証せられるなり。自己を運びて万法を修証《しゅしょう》するを迷とす。万法進みて自己を修証するは悟りなり」。このような境地の人こそ、真の自由な人と云うべきであり、こういう心理的自由が得られて、はじめて創造性が発揮される訳であります。

さて、生物は常に進化し、宇宙も絶えず進化しつつあります。進歩向上は、生命の目的の主要な条件であります。「進歩しないものは退化する」というのが生物学上の原則であります。我々人間もまた自然界に存在する生命であり、進歩は宇宙の摂理でありまず。進歩向上する所に充実した人生の意義があります。宇宙は広大であり、古今は遼遠であります。森羅万象、大は銀河系宇宙から小は原子の世界に至るまで、一つとして一所に停滞することなく、流動変化しつつあります。随って無為にして、一所に停滞すること自体、天意背反の所業であります。この無限の変化流動を通して、不変なるもの、不動なるものを求める、一貫した生活態度が、相対を超えて、絶対的な生き方を目指す、統合された生命の特質であります。

「失敗は成功のもと」と云われますが、この世の中においては、物事がいつも一度で旨く行くということは殆どありません。然し、熱心にその失敗の原因を探り、失敗を二倍にして取り返す真剣さが必要であります。そして周囲の状況に、いたずらに目を奪われることなく、昨日より今日、今日より明日と自分の進歩向上に幸福を見出せる人となりたいものであります。

一貫唯々《いい》、昨日も今日も、明日も、明後日も、来年も来々年も、永劫《えいごう》に亘って、ひたすらに、与えられた時処位において、最善を尽し、生命の歓喜を呼吸しつつ、永遠の営みを続けていく所に、この世ながらの天国の事実があります。

九　天地衆生の恩恵に感謝し使命に生きる人となろう

道元禅師は、正法眼蔵の中で、「人身《にんしん》得ること難し。仏法値《あ》うこと稀なり。今我等宿善の扶《たす》くるに依りて、已《すで》に受け難きの人身を受けたるのみに非ず、逢い難きの仏法に値い奉れり」と感激の声を震わして、この世の中に人間として生を享《う》け、仏陀の教えに接し得た喜びを述べておりますが、我々がこの地上に万物の霊長として生まれ、文化的な生活を営むことが出来るのは、誠に稀有《けう》なる恩寵と称すべきであります。

もとより、人の子はその親によって、この世の生命として、生れ出たものでありますが、私どもが、今日一人前の人間になるまでには、両親の並々ならぬ慈愛と苦労の賜《たまもの》によることは言う迄もありません。人の親にして、その子が不幸になれかしと祈る人は一人もいない筈であります。世の中には親の扶養費を請求する子供はあっても、子供の養育費を請求する親は無い筈であります。世の中に自分の生命を惜しくない人は一人もおりません。いや、その生命が惜しければこそ、自分が大切であればこそ、よりよく生きたければこそ、色々の悩みや苦労も起こり、競争や進歩があり、喜びや悲しみを飛び超えて、将来に向って理想や憧れを抱きながら、より良い生活を信じて、毎日の生活を営んでいる訳であります。然し、もし我々は、その親達がその子に愛を注ぐことなく、また幼い乳飲児の折に、不注意や過ちによって、或いは故意に、その子の生命を奪って了うような悲しい事態が生じても、全く誰にも文句の言いようのない事であります。生殺《せいさつ》与奪《よだつ》の権は、全く親に委ねられていたのであります。

生命を何よりも大切に思い、明日の幸福を求めて、そこに生き甲斐を感ずるならば、人間としてこの世に生まれ出た事はもとより、今日五体満足に人生を享受することが出来るのは、偏《ひとえ》に親の慈愛の致す所であります。昔の人が四恩と云って衆生の恩と共に、天地の恩、国王の恩についで父母の恩の鴻大《こうだい》〔たいへん大きいこと〕さを教えたのも、誠に当然と言わねばなりません。今日世の中の生活機構の複雑化により、家庭生活にも、色々な困難な問題が起こり、特に最近では、親子の断絶という言葉が流行語のように使われていることは、誠に悲しい現実と云わねばなりません。人々は往々にして自分が成長の後は、あたかも自分一人の努力に依って、今日の自分を築いたような錯覚に陥り、親や肉親の慈恩を忘れ勝ちであります。然し、自らが諸々の人生の苦労を経て、結婚をし、自らが人の親となった時、初めて親の苦労を身を以て理解するようになることは、世の中の人々が常に口にする所であります。昔から「風樹《ふうじゅ》の嘆《たん》」と云って「樹静かならんと欲すれども、風止まず、子養わんと欲すれども、親待たず」という諺がありますが、人類は、長い年月を通して、同じ嘆きを繰り返して来ております。更に、今日のように個人主義的、民主主義的風潮が盛んになり、社会的混乱が生活を脅かしている時代では、自分の生活を守ることだけで精一杯になり、親兄弟や隣人の事など関心を寄せている暇もなく、自分の不幸にかまけて親や肉親を恨んだり、憎んだりして固く心を閉ざし、利己的追求にのみ関心を寄せるようになって、身自らは人間を信ずる事も出来ず、疑いと不安と恐怖の中で、歪んだ人生観、社会観を知らず知らずの中に作り上げ、その枠の中で、孤独な寂しい生活を営んだり、又は、孤独の反動としての愛情を振りまわして、如何にもそれが明るく健康な生き方でもあるかの如く振る舞っておりますが、果して、そのような近視眼的な生活理念で、人間は真に幸福になれるのでありましょうか。人間とは、果してそのように腑甲斐《ふがい》ない存在でありましょうか。

人間は断じてそのような貧しく、賤《いや》しい存在ではない筈であります。もし、人の子にして、そのような生き方が人間の本来の姿であると信じている親であり、子であるならば、その親は親たらず、その子は子たらず、人のこの世に生きる所以を深く考えることなしに、かりそめに結婚をし、真に親たるの自覚なしに、その子を産み、親たるの慈愛と権威をもって、その子を育てることをしなかった。その所業の因果応報として、今日の悲しい現実を経験しなければならない状態に立ち到ったものと云えましょう。

凡そ、人のこの世にあるや、その親より出て、その親もまた祖父母より生まれ出たものであり、このようにして、我々は遠い祖先に連なる訳でありますが、遠い祖先も亦、そのいや果てに於いて、この天地より生まれ出たものであり、祖先があって天地が存在したものではありません。我々の祖先は、天地と、もと同根にして、天地は、我が遠い祖先はもとより、生きとし生けるものの母胎であります。我が太陽系の天体はもとより、広大極まりない大宇宙の中に、人間として、万物の霊長として、生を享けた喜びは、道元禅師ならずとも、この限りない天恩に感謝せずにはおられましょうか。感涙に咽《むせ》ばずにはおられましょうか。

思えば我々人間は、母の胎内に宿ってよりこの方、殆んど肉眼にも見えぬ程の一個の細胞より、分裂に分裂を重ね、六十余兆の細胞に分化し、いみじくも小宇宙と云われる人間として、大宇宙の実相を備え、喜怒哀楽の心を持ち、愛を語り、理想を描き、真、善、美を求めて、日々新たなる生活を願い、その眼は数十億光年の彼方を見、その耳は二十振幅より二万振幅の波動を感受し、その思いは天かけり、国かけりして、数百億年の過去より未来永劫に亘る天地の在り様を推断します。この生命力の偉大さは誠に驚歎して余りあるものでありますが、この生命力の根源は、単なる親や祖先からのものではなく、天地創造の原理に由来するものであります。

このように尊く偉大な地上の生命も、その儘《まま》では決して地上に生き長らえることは出来ません。太陽の光線や空気や水、その他動植物を始め、日常生活を営むための衣食住は、永い年月を重ねて、祖先から受け継がれ、開拓された生活の智慧の結晶でありま す。如何なる智者も、如何なる富める者も、如何なる権力者も、人間は決して一人の力に依っては、この世の中に生きることは出来ません。天地衆生の恩恵の中に於いてのみ、生き長らえることが出来るのであります。日常見知らぬ路傍の石の如く見える他人でも、お互いに地上の生命として、直接間接に、互いにお世話になっておるものでありましょう。例えば、今日一枚の衣服を手に入れることがどんなにた易いことか。僅かのお金さえあれば、自分の欲する衣服を自由に身につけることが出来ます。然し、どんな美人でも衣服を纏《まと》わずには外出は愚《おろ》か、自宅を訪れたお客にも会う事は出来ません。我々は衣服なくして、一日も社会生活を営むことは出来ないのであります。然し、これを自分一人の力で衣服を作ると仮定して考えて見たら、どうなりましょうか。仮に洋服に例を取ってみても、一目瞭然に理解出来る筈であります。洋服地の原料たる羊毛、羊毛を取る為の羊の飼育、それから、洋服が出来上る迄の、様々な過程に於ける、諸々の技術や苦労を考え合わせますと、たった一着の洋服を身に付ける迄には無慮《むりょ》〔おおよそ〕、数百人、数千人、否それ以上の人々の苦労の賜があることが分かりましょう。このような恩寵の所産たる貴重な衣服を、我々の生命を守る尊い衣服を、何等の感謝もなく、ただ単なる虚栄心の満足の為に、身に着けてよいものでありましょうか。人間が万物の霊長であるならば、その尊い生命を包む宝として、衣服への礼が自ずから生ずべきであります。これが寧《むし》ろ当然の人の道であります。衣服の恩恵を弁《わきま》えぬ人間は、動物に等しく、衣服を纏《まと》う資格はあろう筈がありません。

今日、滔々《とうとう》として権利を主張し、義務を要求する諸人の何と多いことか。然し、これらの諸人、果して権利の根源を、義務を要求する権威の根源を、更には天地の広大と、その恩寵の如何に大きく、その恩寵に報いることの如何に少なき自分であるかを、静かに、且つ深く考えたことがありましょうか。不平と不満に満ちた知性を誇る文化人の自信は、いつの間にか、傲慢《ごうまん》の峰に安坐してはいないでありましょうか。真に人の生命の美しく尊く見えるのは、自分が真に幸福であり、その幸福を隣人からこぞって祝福され、更にこの祝福に対して、このお礼に、満面に歓喜と微笑を湛《たた》えながら、これを千倍にして返そうとして、一心に努力している乙女の清純な没我の姿であります。我々に与えられた生命力が完全に燃焼する時、そこには、結果自然に感謝の念が生じ、報恩の行いがある筈であります。万物万象への愛撫と感謝こそ、人生のスタートでなければなりません。

このような心の用意が出来た時、はじめて、人間は何故に、そして如何に生きるべきかを胸底深く、沈思熟考すべきであります。孔子は「十五にして学に志し、三十にして立ち、五十にして命を知る」と云っておりますが、人間が何故に生きねばならぬか、と云うことは人類あって以来の重大な命題であります。過去、或る会合の後の宴会の席上で、互いに隣り合わせに坐った七十前後の老人同志が、お酒を汲み交わしながら、恵まれた家庭の話や、過ぎ越しの諸々の人生の苦労を語り合った後、真剣な目差しで、「人間は何の為に生きるんだろうね？」と云って、暫し絶句したその姿が、何ともわびしく、華やかに語り、且つ歌っている若い人々と対照的で、私の心に印象深く感ぜられたのを覚えております。人生七十年の生涯を生き抜き、それなりの幸福な生活の中に浸っていても、この人生の神秘な謎は解けぬままに、この世を去る人々が絶対多数であります。人間はやはり、生きているのではなく、生かされている訳であります。

孔子が「五十にして命を知る」と云っているのは、この人生の意義を知ったと云う事と共に、個人としての使命を知ったと云う事を含んでいるものでありましょうが、孔子程の偉大な人物を以てしても、尚且つ、五十才になって漸く人生の生きる意義を知ったというのでありますから、況《いわん》や俗人に於いては、容易にその答が出る筈はありません。然し、今日以後の世界に生きる人類は、何としてもこの至上の天命を速《すみ》やかに知って、真に充実した人生を送らなければ、原子力時代、人類が月に立ち、更に、広大な宇宙開発に乗り出す時代にふさわしい人間にはなれません。これからの人類は、少なくとも三十才迄に天命を知って、豊かで、逞《たくま》しい、生命の事実を、この地上に顕現出来るような、大いなる人の子とならねば、何としてか、万物の霊長と云い得ましょう。

人間は地上に於いて肉体を持ち、物質を摂取しつつ、生活している存在であることは勿論でありますが、人間は決して単なる生物学的な存在ではありません。自由意志を与えられ、道徳意識を持って真、善、美を追求する精神的存在であります。従って、人間がどんなに物質的な世界に於いて幸福を充たしたとしても、それは表面的、または一時的な幸福であって、永遠の幸福ではありません。それにも拘らず、万物の霊長たるの人間の深奥の意識は永遠なるものを求めて止みません。我々が学問や事業、その他諸々の職場に於いて、理想を描いて懸命な努力を傾けている時はそこに人生の生き甲斐を感ずるものでありますが、一旦その理想が実現された時は、輝かしい目的を達成した喜びと自信の蔭に、一抹の寂しさを感じないでしょうか。人間は理性で割り切った時、そこに救い難い空しさと悲哀が残るのは、人生の常道であります。人間は貧富貴賤《ひんぷきせん》を問わず、人間という位に於いて、永遠なるもの、不死なるもの、絶対なるものを求めなければ、真に安心し、平和に過すことが出来ない存在であります。しかも、平和は人間の幸福の絶対の条件であり、一見平和を乱したがっているように見える人々でも、その心の奥底を深く覗《うかが》えば、嘗《かつ》て、平和を求めて得られなかった反動的復讐心が、そこに存在することが明瞭に理解出来ましょう。

ゼーレン・キェルケゴール〔デンマークの哲学者・思想家〕は、人間の精神的発展の段階に於いて、最初は人間は美的実存、即ち官能的生活を求めて、これに身をやつすが、やがてそれに飽きて、次には倫理的実存、即ち道徳律の尊厳に気づいて、正善を求めて邪悪を憎む生き方になり、そして人間の最後の精神的安住の地として、宗教的実存、即ち叡智を、神聖を、永遠を求める生き方に変って行くものである、と言っておりますが、これが人間の生命の偽りない姿でありましょう。

茫々《ぼうぼう》人類三百万年、悠久の時間をかけて、下等生物から漸次《ぜんじ》〔だんだん〕進化向上して来た人類であります。或る意味に於いて、人類は全宇宙史を荷っていると云っても過言ではありません。ここに人間が悠久な天地を思い、宇宙の真実を求めて止まぬ理由の一つがありましょう。何としても、人間は創造の原理に、即ち創られたる人間が、創り主に出会わんとする、烈しく、そして切なる願いが遼遠な時空を超えて存在する所以でありますます。正に人間こそ、天の至宝であります。創られたる人間が、創り主の意志を知ることが、即ち、天命を知ることであり、ここに言う使命に生きるとは、世上の、所謂使命感などというような、安直な意味のものではなく、天命のまにまに生きることであります。

真理を求めて、苦悩に苦悩を重ね、人事の限りを尽し、そのいや果てに、天無く地無く、我無く他無き境地の至粋の一点に、天地の真実来り臨み、思ほえずして、生命の原理を、己が地上に於ける生活の道標を悟るものであります。これを命を知り、使命に生きるのであります。命を知り、使命に生きてはじめて、人間は真に人間―ホモサピエンスとなり、天地の創造に参与する、地上の神人たる事実を生きることが出来るのであります。古来の哲人、聖者が、あらゆる苦難に耐えて、天命を知らんとした所以も偶然ではありません。

天地衆生の恩恵に感謝し、天命のまにまに生きること、これ即ち、幸福への最大の近道でありましょう。

十　生命の尊厳を自覚し一貫して真実を歩む人となろう

寒い冬の間、死んだように固く凍《い》てついた大地の中に、埋もれて眠っていた球根が、温かい春の陽ざしを受けて、永い冬眠から目覚めて、むくむくと大地を突き破って、緑色の新鮮な若芽が萌え出る姿は、何とも云えない生命感の躍動に溢れており、生命の神秘さに、新たな感動を覚えますが、これは私一人の感傷ではないと思います。

我が日本の国は、昔から豊葦原《とよあしはら》の瑞穂《みずほ》の国と呼ばれておりますように、私共の遠い祖先達は、陽炎《かげろう》が燃えるうららかな春の野に、葦の若芽が角《つの》ぐむ現象を見て、生命力の異常な神秘を感じたのも、寧《むし》ろ当然と云わねばなりません。素朴で純粋な、古代の人々の心には、その生命力の背後に神秘な神の力を感じたことでありましょう。古い日本の神の思想は、目に見えない神秘な力から、目に見える不思議な実体が出現して来ることを暗示し、生命発現の原理を包含しております。故に私共が生存する大自然もまた、この神の顕現であり、私共生命ある人間は、この大自然の中から、神の恩恵によって発生して来た存在として、自然と人間は同胞感を以て結ばれ、神と自然と人間が調和した、豊かで、天真爛漫さの中に、統合された美しさを具現し、西洋のように、自然に対する脅威から、征服または被征服という闘争的な意識は全く持ち合わせずに、生命感に溢れた平和な生活を楽しんで参りました。温和な気候風土と、四季の変化の鮮やかさは、一段とこのような豊かで平和な心を育てるのに、与《あずか》って力あったことと思われます。

現代の物理学的宇宙観によりますと、古くから支持されてきたカント・ラプラースの、宇宙開闢論《うちゅうかいびゃく》に於ける「星雲宇宙説」は影を潜め、アメリカの宇宙物理学者のガモーフが指摘するように、宇宙間の天体は、宇宙間物質が凝集して出現したものであるという考え方が広く世界の学者達から支持されております。そしてこの現実界はアインシュタインの「四次元時空連続体」であることが解明され、物質は原子から構成されており、原子は原子核と電子から構成されておりますが、その電子は物質であるけれども、電子を在らしめている電場は非物質界であることが認められています。

この様にして現代の物理学的宇宙観は、我が日本の古典が示す、神惟《かんながら》の思想と期せずして一致し、現代物理学は、我が日本の古代思想の優秀さを証明しております。自然科学の未開発な原始時代に、自然科学的手段を用いることなく、この様な宇宙観的真理を把握し、実生活に生かして来ていることは、誠に驚嘆すべき事実であり、改めて生命力の偉大さと尊厳さの前に深く頭《こうべ》を垂れると共に、この様な叡智的思想を残して呉れた我が日本の遠い祖先達に、無限の感謝を捧げなければなりません。

人類の文化史を繙《ひもと》いて見ますと、古代に於いて東西相呼応して、諸々の聖者や宗祖達が輩出して、神の存在を説いて、民衆を教化し、中世に於いてはその弊害が百出して害毒を流し、それに反撥してルネッサンスの発祥となり、やがて機械的唯物論が擡頭《たいとう》するに至り、機械文明の輝かしい発展と共に、神は地上に死に果てました。そして唯物論的思想は一世を風靡《ふうび》するに至って、今日に及んでおります。

第二次世界大戦を契機として原子力が解放され、第三の火の偉力は、二十世紀後半に於ける世界を大きく揺り動かし、史上最大の産業革命を齎し、社会機構を根底から覆《くつがえ》し、人間の生活様式に重大な変革を余儀なからしめております。

然し、社会機構の複雑化に伴い、人間性を抑圧する現象が社会の各方面に亘って表面化し、人間の機械化が著しく露呈するようになって、物質的な繁栄をよそに、人類は、魂の故郷を喪失して、生命感の無い、機械的人間が巷に溢れるようになり、人間としての連帯感が薄れ、個人主義的、利己主義的、そして刹那主義的傾向は社会を席捲《せっけん》し、その神聖なるべき国土を闘争と犯罪の巣窟《そうくつ》と為し果てております。世界の現状は神に遠けれども、日本の現状は更に神に遠い。「理性」とはもともと「神の声を聴く」と云う意味であります。何を以て理性人と称し、知性を誇る文化人と云い得ましょうか。

自然科学は、元来自然界における諸々の法則を解明して、人類の幸福に貢献したいと云う純粋な動機からスタートしました。然し最近の自然科学の飛躍的発展は、機械の上に君臨すべき、個々の主体的人間を、却って機械の奴隷的存在に追いやり、人間の自己破壊的衝動を増大し、神経症的人間が益々社会に氾濫し、人間喪失による疎外感を通して、人間不信の悪魔の炎は、燎原《りょうげん》〔野原を焼くこと〕の火の様に荒れ狂い、個人も、家庭も将《はた》又《また》社会も、挙《こぞ》って波乱と混迷の渦の中に陥《おとしい》れて、世の中全体が大きく狂ってしまい、現代は価値判断の基準が、全く失われて了うに至りました。この様な人間喪失による社会生活の中で、これらの代償として、物資にのみ執着し、孤独と絶望感の中で、希望のない、暗黒な生活を送って、人生の目的を見失い、あたら人生を台無しにして、人を恨み、運命を呪い、無気力感の中で、人生の終末を迎える人々が何と多いことでしょう。人生の幸福とは果たしてこのようなものでしょうか。

本来人間の幸福の為にスタートした自然科学は、人間の心の核を破壊し人間性の喪失を招く結果に立ち到ってしまいました。二十世紀が精神病者の時代と云われるのも、決して偶然ではありません。この様な事態に立ち到って、世界の識者達の間から澎湃《ほうはい》〔物事が勢いよく起こること〕として人間性の回復を求める声が聞かれる様になりました。

それでは一体どうして、この様な深刻な悩みが起こって来たのでありましょうか。それには色々な原因がありましょうが、その究極の原因は生命の尊厳を忘れ、精神界に於ける自然法則を閑却《かんきゃく》〔なおざりにすること〕し、人間性の究明を怠ったからに外なりません。この様な趨勢《すうせい》の中で、人間性の究明を目指して、西洋に於ける深層心理学は誕生致しました。この結論によりますと、人間の心は日常、私共が自意識として意識する顕在意識と、その意識の奥深く内在する潜在意識が存在することが解明され、この人間の心の核は、平面的な合理性では到達できない、理性の範疇《はんちゅう》を超えた領域であることが明らかにされて来ました。

人間の表面の顕在意識は、丁度海面上に出ている島の様なもので、各々の島は各自独立している様に見えるけれども、海底では一つの大地に結ばれている様に、人間の心も亦、各自独立した存在の如く見えても、その実際は、潜在意識の世界に於いて互いに結ばれていて、相互に影響し合い、潜在意識を通して、我々人間は宇宙意識に連なっていることを主張しております。

お釈迦様は、人間は五官の他に六官や七官、更に八官が存在していることを説き、これをマナ識、アラヤ識、ムク識と呼んでおり、ムク識は人間の最も奥深い意識で、この意識を以てすれば、最早、人間は、自他の差別がなく、自他一体感、悟りの境地が開けることを教えております。計らずもこのお釈迦様の教えは、現在の西洋に於ける深層心理学の方向と軌を一にするものであり、無神論の仏教は、人間性の究明を目指した、高度で緻密な心理学であります。この様な素晴らしい心理学が、今から二五〇〇年も前に出現したことは、誠に讃嘆すべき事実であります。

物質文明を誇るアメリカ流の民主主義は、生命の尊重と人権の擁護を主張しております。人間は生れながらにして自由であり、平等であると云います。然し、人間の生命の尊厳なる所以は、人間が自由と平等を主張する権威は、一体何処《どこ》にあるのでしょうか。「人間は創られつつ創るものである」という言葉がありますが、生物界を始め森羅万象を見渡す時、創造の偉力の前に敬虔《けいけん》に立ち止まらざるを得ません。人間は万物の霊長として、創造生命の原基を宿し、地上経綸《けいりん》（治めととのえること）の使命を荷う小宇宙としての天なる至宝であります。改めて生命の尊厳を自覚し、一貫して天意のままに真実を歩み、その身を以て神の栄光を顕《あらわ》しつつ、永遠の歩みを歩むべき人の子であります。

私共の云う生命の尊厳を自覚すること、それは当世の生命尊重や、人格尊重主義などとは天地雲泥の差であります。イギリスの哲学者スペンサーは「賢者は己に宿る信仰を偶然なるものとはしない。彼は己が目撃せる真理を恐れもなく発表する。そしてこの大胆なる発表が、この世界に如何なる事態を惹《ひ》き起こそうとも、彼は聊《いささ》かも恐れることなく、彼がこの世界に演ずべき役割を果たして行くのである」と云っております。

私共は人間としてこの地上に生まれた恩寵を感謝し、一貫して人生の真実を歩む大いなる人の子となろうではありませんか。

十一　総括

過去十回に亘り、生活綱領の解説を試み、その大要を縷々《るる》述べて来た訳でありますが、如何に理想を掲げ、美辞麗句を並べても、実生活に実践出来ぬものであっては、折角の理想も絵に画いた餅に等しく、私共の生活の糧になろう筈がありません。身近な日常生活の中に実践してこそ、生活綱領としての意義がある訳でありますから、一挙に完全を求めず、日夜努力を重ねて、漸進《ぜんしん》的に、且つ持続的に実行に移して行くことが大切でありましょう。そして「習い性となる」という言葉のように、十箇条の生活綱領が、無意識の中に、私共の生活態度の中に深く浸透して行くようになるまで、お互い習練《しゅうれん》〔くりかえし習うこと〕を重ねたいものであります。二千年の昔、ギリシャの殿堂の壁に、ソクラテスが書いたと云われる「汝自身を知れ」という有名な言葉は、既に多くの人々に知られておりますが、人生とは畢竟《ひっきょう》「汝自身を知る」為の修練《しゅうれん》〔精神をみがききたえること〕の場であり、如何に生きるかと云うことは、どのような登山道を通して、人生の山頂たる汝自身を究めるかと云うことになります。人生は登山と同じであります。登山はその個人に依って、登るべく目標を立てる山の高さや状態は、それぞれ異なり、登る難易の差はあっても、重荷を背負って、一歩一歩頂上を目指して登ることに変りはありません。従って、頂上を究めずに、途中で引き返す人は、落伍者でありましょう。それが譬《たと》え九合目まで辿り着いたとしても、頂上を究めた者の歓喜と平安は味わうべくもなく、敗北者であることに変りはありません。

然し、登山の場合は、自ら登るべき山を選ぶことが出来ますが、人生の山は、私共が勝手に選んだ山ではありません。この世に生まれ落ちて、私共が気付いて見たら、既に山の中を歩いていた訳であります。山の名前すら知らず、麓《ふもと》の方は霞に蔽《おお》われて、明瞭には見えず、山の頂は雲に閉ざされて、頂上は愚か、山の姿すらも殆ど分らないという、極めて高く、不思議な山であります。このようにして、人生は、その初めと終りを知らぬものであります。キリストは「我は初めなり。我は終りなり」と云っておりますが、原因と結果を保持することを誇示したものであります。人間は原因と結果を知らぬものであり、原因と結果を保持する者は創造主のみであります。創造主、即ち唯一の神のみが自己原因者であり、この大天地の中には、多くの神々が在《おわ》すでありましょうが、神々も亦、決して創造者ではありません。人間は「創られつつ創るものである」と云われますが、実は神々こそ、創られつつ創るものであります。人間は唯創造の仕事に参与するだけであります。

ここに人間は、天地につき、万物万象につき、己について、その真実を知らんとする、深くそして切なる願いが湧き起こる所以があります。然し、もと土塊《つちくれ》より生まれた人間も、天はこれに生命の息吹きを与え、万物の霊長としての、幽玄なる生命の原理を秘め、これは当今の知性を誇る理性や悟性の科学心を以てしても、容易に人智の及ぶ所ではありません。されば私共人間は、万有実在の九牛の一毛にも満たない、我々人間の実際を見つめる所より、人間の生活のスタートが行われるものであります。

ここに、人類は哲学を持ち、宗教が生まれ、芸術の花が咲くに至った訳であります。そして、生命の原理こそ、宇宙を在《あ》らしめている根本原理であり、人間が小宇宙と云われる所以《ゆえん》もここにあります。汝自身を知れ、と云う言葉は、真実の己に出会うことに依って、生命の原理に触れることが出来ることを教え、これに依って、人生の意義と天地の真理及び宇宙の実相を知ることが出来、人間とは何か、という問いに答え、人間は如何に生きるかの道標となることを示唆したものであります。この己を知らぬこと、生命の原理を知らぬことが、即ち無知であり、無知こそ最大の罪である、とソクラテスが言った所以であります。

依って、天地宇宙について物学ばんとする科学心は、同時に人間の精神界の内奥に潜む生命の原理を究明することであり、これを実践躬行《じっせんきゅうこう》〔言葉通りに実行すること〕すること、これを宗教と称するならば、私共の言う宗教は科学にして、科学は宗教であります。古来、優れた科学者達が、最早や、科学の究め尽し得る限界に立ち到った時に、敬虔な信仰を持つに到った例の少なくないのは、決して偶然ではありません。

前述の通り、人間は存在のアルファとオメガを知らぬものでありますから、人間が誰でも生きようとする意志の根源は、人間自身からではありません。人間存在の根拠を、人間に求めている間は、人間は永遠に、汝自身を知らぬものとなりましょう。

道元禅師の云われた非仏向上《ひふつこうじょう》を更に非仏向上して、幽玄なる天地の実在に触れねばならぬ、人の子の運命であります。「人間の生命は地球の重さよりも重い」という言葉は、大変生命の尊厳を述べているように見えて、その実際は、天地の真実に甚だ遠いのであります。現代科学の教える所に依りますと、大宇宙の中に銀河系宇宙に相当するような宇宙が、六十億個以上も存在すると云います。人類三十余億人とすれば、宇宙に於ける人間の地位は、一人の人間が、この厖大極まり無い銀河系宇宙を、両手にそれぞれ支えなければならない存在であります。豈《あに》〔なんでどうして〕唯に地球上のみ跼蹐《きょくせき》〔跼天蹐地《きょくてんせきち》　恐れおののき縮こまること〕して、事足れりとすべきものでありましょうか。人類初の月旅行に成功した、アポロ宇宙飛行士が述べたように、暗黒な宇宙の中に輝くサファイヤのような地球であり、生命ある人間にとって、地球こそ宇宙に於ける唯一のオアシスであります。されば、私共人間は、この大宇宙を、創造主の意志に随い、修理固成しつつ、恭敬の心を以て、経綸すべき責務を持った人類であることを自覚しなければなりません。否、唯に天文学的な宇宙に止まらず、釈尊の云われるように、三千大千世界を己がお腹の中に収めて、顕幽を貫き、永遠の生命の営みを続けるべき、神の子なる人の子であります。

　この宇宙に太陽が出現してから六十億乃至一〇〇億年と云われます。太陽が銀河系宇宙を一廻りするのに、約二億年の歳月を要すると云われます。悠久一〇〇億年と云っても、太陽はその出現以来、僅《わず》かに銀河系宇宙の周囲を数十回廻ったに過ぎません。

天地が如何に広く、高く深いかということ、この大宇宙には如何に学ぶべきことが多いかということ、現実の人間が如何に貧弱であるかということが、少しでも分って来ますと、人間が恥ずかしくて、我を張ろうとしても、張れなくなる程に、哀れなものであることに気付いて参ります。そうして素直な心になります。そして今迄自分自分と、自己主張をして来た自分は、本当の自分ではなく、何と他愛なく、頼りないものであるかが分って来て、このような思いが嵐のように押し寄せて来て、心の底から、自分が厭《いや》になるものであります。そうして正体のはっきりした恥ずかしくない、頼りになる自分に出合いたいという思いに駆られるものであります。これを仏教では発菩提心《ほつぼだいしん》と云い、キリスト教では回心《かいしん》〔仏教ではえしんともいう〕と言います。これは所詮、真実の自分に出合いたいという心が起ることであります。

普通、人間は心の奥底に、生きることの不安や恐怖を持っておりますから、この不安や恐怖から逃れる為に、その代償として、学識や、技術や財産や、地位や名誉などを身につけて、自信を保とうとしております。そして、これが本当の自信だと思い込んでおります。然しこれらは決して本当の自信ではなく、心貧しき故の自信であります。正に傲慢が変装した自信であります。真の人間の自信は、何も持たず、素裸で、天地に対決した後に生ずる自信であります。「自ら反《かえり》みて縮《なお》くんば、千万人と雖《いえど》も吾れ往《ゆ》かん」〔孟子〕という自信であります。これが真の精神的貴族というものであります。この自信は彼自らのものではありますが、これは人事の自信ではなくして、正に天来の自信であります。五尺の小躯《しょうく》に天地大の信宿って、初めて、慈愛頻《しき》りに起こり、慈愛身心に迸《ほとばし》って、初めて真実の叡智が湧き、叡智の偉力に依って、学問が起こり、知識が生じ、芸術の花が咲き、宗教も政治も経済も教育も、その他諸般の人類の文化が撩乱《りょうらん》として妍《けん》を競うに到る訳であります。

先刻掲げた生活綱領十箇条の意図する所は、地上の日常生活を通して、天地大の自信を持てる、真に天地に卓越した人間たらしめんとしての指針に外なりません。

依って、十箇条の生活綱領を集約すれば、一字の信に尽くされます。一字の信、全身を蔽《おお》って、人は真に人たり、真に自由の人となります。このようにして初めて、人間は大地に足を踏んまえて、何者をも怖れることなく、無限の歓喜と平安の中に、天地悠久の生命を生きて行くことが出来るのであります。淡々と、然し、無限の鉄則を己の心の底に感じつつ暮す所に、真の人間の生きるべき道があります。

もし、これを宗教と称するならば、私共の言う宗教は人間の生活の一切を包含し、生活の基盤をなすものであり、政治も経済も教育も芸術も、一切合切が宗教の中にあるのであって、宗教なくして、人間の生活は無いと言っても過言ではありません。否、宗教という言葉すら意識せずに、淡々無私、大自然の大法のままに、然も極めて有難く、天真爛漫に、生きる生き方であります。

古来聖者と言われる人々は、極めて聡明であると共に、皆童心の持主であります。誠に生まれ赤子のように透き徹った心が、その中核をなしております。童心は聖者にとって絶対に必要な要素であります。

今日は、この童心が余りにも無くなっております。それが、今の世の中がコセコセして落着かず、不平、不満の多い世の中になっている原因であります。昔はある程度皆、童心を持っておりました。それ故に、学識や社会的地位がなくても、外面の現象に欺《あざむ》かれない聡明さを持っておりました。私共が人間本来の生命の問題を考える時、どうしても、この童心ということが問題になります。仏教で云う柔軟心《にゅうなんしん》とはここから生まれて来るのであります。道元禅師は、中国に留学して天童山如浄禅師に師事して、帰国した時に、雨笠以外は何も持ち帰らなかったと云われます。普通は、色々な教典や彼の地の文物を持ち帰るのが常でありましたから、或る人が、道元に何を持ち帰ったかを問うた時に、道元は「柔軟心を持ち帰った」と答えたとの事でありますが、道元の自信の程が窺《うかが》われる逸話であります。この柔軟心があったればこそ、我が国精神文化史上の巨星として、今日益々その光を放っている所以でありましょう。

凡人は童心を欠く故に我見の虜《とりこ》になって、処世の中で、苦悩し、呻吟《しんぎん》〔うめくこと〕することになります。童心無くしては、人間は絶対に真理への道を歩むことは出来ません。それは最も冷厳を尊ぶ自然科学に於いてさえも、同じことであります。

宗教と云えば、普通、何か特別な、日常生活とは別なものであり、日常生活とは無縁のものであるというように考えられております。これは過去に於いて、宗教者が喘ぎ求めた生活の外見を見ての結果であるかもしれません。然し、宗教は日常生活であってそれ以外の何ものでもなく、あらゆる人々の、毎日毎日の当り前の生活が、それが宗教そのものであって、今迄のように特別な人が、特別な生活をしなければ、宗教ではないというのは大変間違いであります。

宗教は万人に開放せられ、信仰は、一切の人に生活せられるべきものであります。宗教は生活であって、教学でもなく、また特殊な人の閑事業でもありません。従って、従来の感覚からする宗教と、私共の云う宗教とは大変違うものであることが理解されましょう。

我が国古来の大道は、無限次元に亘る精神界の、極めて高い思想を、極めて平凡な形に生きることであります。古来の宗教は、千古万古に亘って苦心を重ねた特殊な天才の、特殊な体験に止めなければなりませんでした。この為に宗教が、人類には遂に画《えが》ける餅であった訳であります。宗教が空手形に終って了ったのであります。

然し、本来宗教も芸術も、政治も経済も、叡智以後に属するものであります。今や人類は、天の時を迎えて、一切の先人観念を捨て、誠に生まれ赤子の心に立ち返りましたならば、人間に予約せられた叡智が、忽然《こつぜん》として各自に自湧して来る筈であります。この叡智の秘鍵《ひけん》によって、宇宙の玄門を開くべきであります。

清濁併せ呑んで育む大海原（わたつみ）　そこは生命の故郷《ふるさと》

第二章　天音

現代の精神的状況は「蒼生は頑迷不霊にして栄冠を嘲笑する」の感が強い。絢爛たる物質文明によって私達は幸せになると確信したのである。しかしながら、平和を声高に唱えながら二十世紀から二十一世紀の今日に至るまで、闘争の歴史が人間の在り様であることを考えますと、その物質的な豊かさ、その物質的栄冠は幻想に過ぎないことに、真の幸せは得られないことに気付かなければなりません。

現実の闘争は、実に人間自身の内心の相剋の表現であって、それが投影されたものにすぎません。真の平安と平和を得るには、その内心の相剋を解消し、統一に向かい、平安が訪れ、その闘争に終止符を打たなければならないのです。その為には真理を知らなければならないのです。

真理とは生活綱領解説にありますように、まことの理法であります。そして万物は天地の理法によって運行し、生物界は生命の法則に、私達の精神（こころ）は精神界の自然法則に支配され、心の在り方もまた精神界の法則に則って生活することが、人類のひとしく求めて止まない幸福への近道であることが記されています。その天地の理法に適う心を涵養することが、私達二十一世紀に生きる人間にとって最も大切なことではないでしょうか。

この天音は、幸福への近道を、大宇宙における人間の位置を、人間存在の意義を、そして精神界の理性を超える叡智に至る道標を、僅か百二十八文字に表現したものであり、真理の言葉なのです。

私達はこの真理の言葉を拝戴して、心からの平安を願い、内心の相剋に終止符を打ち、摂理のまにまに永遠を生きる人間であることを自覚し、真の栄冠とは何かを感得して、栄光への道を、人生を、弛まず歩み続けていきたいものです。

生命、それは死である。とは現代の自然科学が到達した結論。個体生命は細胞生命の刻刻の死によって支えられているのは事実である。

人生を真実に生きんとせば、先づ正しい死生観の確立こそ、最大の緊要事である。

（機関紙「わたつみ」創刊号より）

昭和四三年八月十日

真理は常に深く沈潜し、軽薄なるもののみが表面に跋扈《ばっこ》する。然し真実なるものは、あらゆる障碍《しょうがい》を超えて、やがてその光芒を放つものだ。

人間も深く自己に沈潜し、理性の極を内面から破る時初めて、燦然《さんぜん》たる生命の事実を体感し得るようになれる。

※　跋扈〔のさばりはびこること〕

人間は生きる為に食うか、食う為に生きるか。とは古くから論議されて来た命題。世の中には、確かに食う為に生きている人間も大勢いる。

然し、やはり人間は、食うことを手段とする、豊かな人生が望ましい。

生きることの意義を、もっと深く考えることが大切であると思う。

人間の一生は、日々の連鎖である。人生八十年として、三万日の生涯。朝の目覚めは生であり、夜の睡眠はかりそめの死。三万回の生と死の修練の後、人間は本番の死に臨む。

生涯の縮図たる一日を、こよなく大切に生き得る者のみが、人生最奥《さいおう》の幸福の秘鍵《ひけん》を握る人となろう。

※ 秘鍵〔秘密の奥義〕

世の中は自由と平和を求めて、到る処騒然。心の自由があって初めて平和が蘇《よみがえ》るもの。自由と放縦のはき違いが、平和のない世界の底にある。

自由とは絶対の服従である、というフランスの諺を、よく噛みしめる必要があろう。自由とは創造生命への無我随順でなければならない。

知性を誇る理性人と称する人々の中に、円満な常識を欠《か》く者が多い。これは一種の精神的奇型である。

人間は理性では未だし。叡智の玄門に迄到達すべし。理性が円満な常識の沃野《よくや》を麓に持てぬのは、それ自身不徹底のため。叡智の霊峰を究めた者は花咲き鳥歌う裾野《すその》に住まう。

人生の不幸を嘆く者に、感謝の心を忘れた人々が多い。感謝とは他者への返礼であると共に、自己の生命の礼讃であり、生きた芸術である。

感謝の念は、人間の心の奥底に潜む自己破壊的衝動を、再生命化して創造的エネルギーとする。感謝のない所に、真の幸福は訪れない。

人間は無意識に、生涯、子供時代の考え方に支配されるものである。

良心とは、幼年期に形成された権威であり、それは主に両親からの影響を受ける。頑迷《がんめい》な良心が平和を破り、自他を不幸にする例が多い。

真実の愛と、正しい権威を育むべき、親の責務は極めて重大である。

※　頑迷〔かたくなで正しい判断ができないこと〕

絢爛《けんらん》たる機械文明の恩恵の蔭に、人間の思考能力の著しい低下がある。

正しい綜合的判断力の欠如が、人生と社会を暗黒にしている。

真理に目覚めた、豊かで幸福な人生を築く為には、童心を失わず、思《し》惟《い》能力を更に飛躍的に開発すべく、真剣な努力が極めて緊要である。

※　思惟〔心に深く考え思うこと〕

芸術が表現を以て天地に相対する創造の営みであるならば、霊魂を以て天地に相対するのが宗教である。宗教は、生命の最も奥深く、純粋な統合的結晶であり、創られたる人間を、創る人間に変えるものである。

千古万古に亘って、人の心を浄化する、芸術の母胎は宗教である。

人間は、誰でも人格の完成を目指し、神聖さを尊ぶ心がある。この為に、学問も教育も、道徳も芸術も存在する。然しこれらを深く背後から支えるものは、宗教的情操であり、真・善・美の極致は神聖である。

真の宗教は、人間を自由にし、生命の尊厳と神聖さを悟得《ごとく》せしめる。

※　悟得〔さとりをひらいて真理を会得すること〕

人間は、事実に生きることは易いが、真実に生きることは難しい。

嘘も方便、という言葉があるが、この背後に没我の愛が無ければ、重大な罪悪となる。愛は証拠を求めない。証拠を求めねば不安なのは、心の貧しさの故である。然し、真の愛は、常に真理に対して忠実である。


理性と感情とは相拮抗する心の働きであり、感情を抑え理性的である事が、知性人の資格とされている。然し、生命の最も奥深い基盤は感情であり、感激なき人生は死である。

感情の破綻《はたん》は人生の悲劇であり、叡智的直感能力は、純粋で燃える様な、豊かな感情に依って培われる。

人間の心の中に潜む、攻撃的心理は、人類史の集積でもあるが、これは自己愛の象徴であり、人間の生への執着《しゅうちゃく》の姿でもある。

生命への恐怖感がこの心を駆り立て、調和を破り、結局自他を滅ぼす。

天地に対決して後の真の自信のみが、この不幸を救う最大の力となる。

人間は素直であることが、幸福への近道である。現代の知性人は、自己主張のみを教育されて、素直になる修練が非常に欠けている。

素直になる事は馬鹿になる事ではない。大賢は大愚に似る、と云う言葉があるが、素直になる事は小我に死に果てて、真智《しんち》に蘇る事である。

※　真智〔絶対的真理の認識〕

人間は己れの尺度を以て他人を、万象を推し測ることが多い。人間の単相心を以て、顕幽《けんゆう》に亘る不可究尽《ふかぐうじん》の世界を、安直に知り得たと思うのは、それ自身大いなる罪悪である。

新しい世の人間の基盤は、無心と清浄心を以て、謙虚にそして更に緻密に、人間自身を究明する所にある。

※　不可究尽〔極め尽すことが出来ないこと〕

悪魔も時に善を説く、という諺があるが、今の世の中には、余りに虚偽と偽善が多過ぎる。価値判断の基準が完全に失われている現代は、世の中全体が大きく狂っている。

生命の尊厳と、自然との調和に基盤を置く価値観の涵養《かんよう》と、これを実践する勇気が極めて緊要である。

※　涵養〔徐々に養い育てること〕

世の中は、生活様式の複雑化に依り、これが却って心身の健康を損ね幸福な生活の障碍をなしている。

自然との調和を保った幸福な人生を築く為には、簡素且つ清潔な生活態度が必要であり、この目的の達成には、心身共に要らざる物を、惜しみなく捨てる修練《しゅうれん》が肝要である。

※　修練〔精神をきたえみがくこと〕

愛は証拠を求めない。証拠がなければ信じられず、愛し得ないのは、虚弱な自我のエゴイズムである。

愛の確かさは証拠ではなくて、絶えず愛の関係を育て、信頼を新たにして行く努力であり、勇気である。それ故に愛は自他の関係の中に、お互いを変えて行くものである。

※　エゴイズム〔自己中心主義、利己主義〕

人間は兎角物事を悪く取る傾向がある。水清ければ魚住まず、という諺があるが、本当は心情明朗のとき、総てが善意に解されるものである。

泥沼の中にも白蓮は美しく咲く。心暗ければ総ての現象が歪んで見え、感激も感動も起らない。感激の涙を知らぬ人生は死に等しい。

現代は愛の不毛の時代と云われる様に、愛情の欠乏が凡《あら》ゆる人間関係を歪めている。昔の人は素朴に子供は天の授《さず》かりものと云い、今の人は安直に子供を造ると云う。然し、真実は子供は天の預《あず》かりものである。

親子の断絶の世に、この天の理法を静かに考える必要はないか。

古来科学と宗教とは矛盾するものと考えられて来たが、これ均しく人間の心の所産である。人間の心は理性に止まらず、更にそれ以上の叡智の世界があり、更に叡智以上の精神的次元の実在を内蔵すると信ずる。

この心の開顕が相反する思想を融合し、新しい人類の歴史が始まる。

天地はもと同根同体である。動植物を始め、禽獣《きんじゅう》虫魚に至るまで、皆是れ同根同門同列の存在であろう。顕密三千大千世界一切万有悉《ことごと》く兄弟である。況《いわん》や人間に於いてをや。

世界は素より一つである。濫《みだ》りに貴賤賢愚と称し、自他を分つこの安易な差別心は、天意に叛《そむ》く心である。

宗教が「宇宙に於ける人間の位置の哲学」であるとすれば、政治を真に支えるものは宗教である。近来、人類は自然も、人間関係も、人間それ自身をも破壊して、人類を破滅に追い遣《や》ろうとしている。

叡智に目覚めた哲人政治が要請される事、今日より切実なる秋は無い。

我々は他人の批判をする事は易いが、他人の批判を已れに受け容れる事は極めて難しい。然し、人生に真の進歩と向上を望むならば、如何なる他人の意見も、一度は素直に受け容れる心を養う事が肝要である。

通天地の真実は、絶対否定の批判の後、その真価を輝かすものである。

人間の創造力を培《つちか》い、進歩と向上を促す大脳皮質の前頭葉は、同時に闘争心や憎しみ並びに嫉妬心等を駆り立てる中枢でもある。現代社会の不安と苦悩の原因はここにある。

正しい教育の方向は、大脳辺縁系の深層意識の抑圧を解除し、無意識の感情層との調和を計る事にある。


世の中には正気の気狂い、と言って、理性は正常でも感情の病気が原因で、言行の一致しない人が少なくない。分かっているけど止められないという類いの悪癖などもその一例。

これを克服する為には、もっと天真爛漫な感情の育成に依って、執着心と頑迷さを放擲《ほうてき》することである。

※　放擲〔なげすてること〕

元来、人間に寄せられている天意の恩寵は全く素晴らしく、本来は釈迦やキリスト以上の存在である筈。

人間は天賦《てんぷ》の霊性を長く忘れていた故に、いつの世も心貧しく、苦しみ且つ争って来た。現実の人間と天意の人間との無限の距離を自覚し、速やかに人間本来の位に立ち返れかし。

※　天賦〔天がわかち与えるの意〕

近来公害の問題は人類の生存に重大な影響を及ぼし、大気や海水中の酸素は減少、更に地下資源は枯渇に瀕《ひん》している。

近々百年にして数億万年来の地球の遺産を、使い果そうとしている現代人は正に無類の放蕩《ほうとう》児である。天恵に感謝し資源を子孫に伝える生活態度が大切ではないか。

※　放蕩〔ほしいままにふるまうこと〕

科学と技術の進歩を誇る産業優先の弊害は、広汎な公害となって現われ、人間の身体を破壊し、現代人の精神の崩壊に拍車を掛けている。

自然を破壊し、人類を存亡の危機に曝《さら》している現状は、自然への挑戦であり、神への反逆である。心身の修練と深い瞑想の中に活路を選べ。


物質的繁栄の中で、現代人は豊かさの中に於ける不安に戦《おのの》き、物あるが故に争い、物あるが故に苦しみ、心身共に破壊して、人間の生き甲斐を見失っている。

物質と肉体の上に君臨する、荘厳な精神界の実在を再発見し、金剛不《ふ》壊《え》の精神の開顕が、今日、何よりも大切な課題である。

※　不壊〔きわめて堅固で破壊されないこと〕

人間は各自夫々の信念を持って生活している。ある意味に於いて、信念こそその人の神である。現代の苦悩や混乱は信念の相違相剋《そうこく》にある。

自然に調和し、幽玄と現実を融合し、平凡な生活の中に凡百の神秘を具現して、豊かに生きる我が国古来の生活原理を、再認識してはどうか。

※ 相剋〔両者が互いに勝とうとして相争うこと〕

天地万物我が為に保つ、とは古代日本の先哲の言葉。これは自分がこの世に生まれて来る為に、永劫の昔から創造主が天地一切の物を用意されていたのだという心境で、キリストの、われ天地創造の神の独り子の思想に通ずる生命礼讃の精神的貴族の道。最近の夫子《ふうし》の心境や如何に？

※ 夫子〔ここではあなた方などの当人を指す意〕

日本の正月行事は、本来五穀の神への感謝と生命の尊厳を讃える神事で、日本人の生活の智慧であるが、今は外形だけの虚礼に堕している。

正月は、優雅な古代日本の心を探り、改めて天地の幽玄を思い、人間の生きる意義と目的を静かに考え、明日の飛躍への契機としたい。


乞食《こつじき》とは本来インドの言葉で、仏法に帰依《きえ》し、一日の糧《かて》を托鉢《たくはつ》して歩く修行僧のことであるが、日本の乞《こ》食《じき》は、全く似て非なるもの。

伝統的日本の慣習や行事は、叡智に根ざした優雅な心の表現であったが、今日の日本人は本来の心を見失い、精神的乞食になり下っている。

凡そ、人の子が天地について物学ばんとする心は、固《もと》より天恩の然らしむる所。

我等が真実を仰いで天地に問うこと、伏して己れの胸底深く問うならば、天地の真実顕幽を貫き、創造生命の厳存と、人間に寄せられる天意の深さと、人間が我執に生きることの罪悪たるを悟るであろう。

霊魂の存在を認め、呪術を行う事を以て、宗教と考える素朴論があるが、真の宗教とは霊性の開発にある。

霊魂の存在を発見しつつある現代の超心理学は、各教壇の霊的背景を明らかにし、従来の似而非《えせ》宗教性を曝露《ばくろ》する事に依って、迷信を打破し、宗教改革の強力な武器となろう。

八苦の娑婆《しゃば》と言われるが、人生には不幸なことが多過ぎる。然し、その多くはその人の誤まれる信念に基づくことが多い。人間は正しい信念と、万物に調和する柔和な心があれば、必要なものが与えられ、不要なものが自然に除かれるように創られている。これが生命の原理である。

※　娑婆〔苦しみが多く忍耐すべき世界の意〕

「小鳥は塒《ねぐら》あり。されど、人の子は枕する所無し」と、バイブルに書かれている。神の子キリストは超然として、俗界の苦悩など無い筈であり、一見、矛盾に見える言葉であるが、実は、苦悩の量は人間の量。人生の凡《あら》ゆる苦悩を体験し得て、天地の真実を知り、艱難汝を玉にする。

人間は正しい生活をしていないと人の欠点が目立ち、人を責めたくなり、円満な心の人は、更に、真実に生きたくなるのが心の法則である。

人間の特徴は、自ら進んで統一を発見して行く存在で、これは自覚を通して、更に深い統一に向い、やがて創造に連なる神性の発見に至る。

道心微なりとは、道を求め修業にいそしむには、非常に緻密《ちみつ》な心の用意が必要であるという意味である。

我々がこの複雑な社会生活の中で、現象に捉《とら》われず、物事の奥深い真実を把握し、豊かな人生と温かい人間関係を築いて行く為には、限りなく細やかな心の配りが肝要である。

人間の心の表現としての礼儀の量が人間の量であり、その中核は言葉にある。聖書に言葉は神なりと言い、道元禅師も愛語能く廻天の力ありと説いているが、今日の言葉の乱れは甚しい。言葉は悪魔と倶《とも》に在りの感が深い。心を浄めんとするには、先ず、言葉を正すことが緊要である。

人間の本質は精神的実体であるが、無形の価値は、その人の心底に抱く信念の差に依って、誤解や意見の相違が生ずる。賢者は玉を以て尺度となし、凡人は石を以て尺度とする。奥深い真理の実相を究めんとするには、不屈の意志と、透明無垢《むく》な純粋な心を以て尺度とせねばならぬ。

人間の日常生活には、色々な努力が必要である。然し、努力とは理性が感情を克服しようとする姿で、これは労多くして効果が少ない。

それは人間の運命の九十五％が潜在意識に支配されているからで、潜在意識の浄化には、新しい良い意識を潜在意識に注ぎ込むことである。

笑う門には福来るという諺があるが、怒る時は笑う時の数倍の生命力を消耗する。これは自殺行為である。

人生には諸々の苦悩や不幸が多いが、嘘の笑いも思い続ければ本当の笑いとなり、嘘の幸福も思い続ければ本当の幸福になるというのは、嘘のような本当の宇宙の秘密である。

人間は幸福になる権利があると主張しているが、人間は幸福になる権利があるのではなくして、幸福になる義務があるのである。幸福を求めて幸福になれないのは、人間に真の愛が欠乏しているからである。真の愛は人間を変身せしめ、物理学的法則を超えて奇蹟を起こさしめる。

人間は物質的繁栄を通して常に幸福を求める。然し、人間の幸福に重大な影響を与えるものは契機《けいき》である。契機は人を変身せしめ、幸福へも不幸へも導く。我々は人との出遭いをもっと大切にし、真心と正しい判断によって、常に人生の幸福への契機を掴《つか》む心の用意が大切である。

※　契機〔動因、ある事象を生じさせるきっかけ〕

人間は他人に対して胸底深く、怨みや憎しみや復讐心を持っている。

これが自分自身を裁き、自分を縛る結果になる。他人を赦すことは、自分自身を赦し、自由にさせる。キリストの汝を憎む者の為に祈れとは、単なる理想論ではなく、真に自分を大切にするための生活の智慧である。

〝人間は生れ乍らにして自由であり平等である〟とはあらゆる近代思想の基盤をなす考え方である。然し、自由と平等を主張する権威の根拠を嘗て究明し得たであろうか。

真の自由は人間の内面に存し、奥深い生命の事実に触れる事無く、単に外に求める自由は幻想に過ぎない。

人間は破壊的な心を持ち、破壊的な行動をしながら、表面の心と内面の心と違った形で、自分が自分自身に騙された行動をしてしまう。従って、表面では愛を求めながら、実は愛を破壊していることになる。これが現代を〝愛の不毛〟の時代としている大きな原因であると言える。

「三界は唯心の所現」という言葉があるが、潜在的可能性が顕在的実体へと変化して行くのが自然現象のあり方である。心とは不思議な存在で、人は何を思うかによりその人になる。

自分とは自分の思っている想念であり、思考そのものであって、この世の中は結局、善悪何れにも自分の思う通りになって行くものである。

※　三界〔欲界、色界、無色界〕

人間関係を破壊し、自他を不幸に追いやるものに嫉妬心がある。

嫉妬心は深く平等意識と関係があり、自分の優位が他人に奪われ、またはは奪われようとする時に抱く憎しみの感情である。民主主義の現代社会は嫉妬の温床のもとに成り立っている。時・所・位を辨《わきま》える心こそ肝要。


人の一生は時間の連続である。ある人の一時間は、他の人の一日、または一年以上の価値を持つことがある。人は多く自分本位の尺度で、他人の時間の価値をおし測り、犠牲にさせていることが少なくない。

時間の尊重は、やがて人命尊重に直結することを銘記すべきである。

罪障を通して真実に至るを人間と称し、罪障を通さずして真実に至るを神と称す。人間は複雑な社会の中で、理想と現実の谷間を、嘘も方便的安易な生活をしていることが、神経症的性格者や躁鬱《そううつ》症患者の氾濫を招いている。

生命の尊厳を自覚し、一貫して真実を歩む勇気が緊要《きんよう》である。

※　緊要〔きわめて大切なこと、さし迫って必要なこと〕

人は誰でも心の奥底では魂の故郷を求め、安心立命を願って、充実した幸福な人生を目指している。

我々は真・善・美を求めて生きることに人生の幸福を見出すならば、人夫々の生き方があるが、その意識の根底において、知性と道心の密着した心の調和が無ければ、知性は却って人生の幸福を破る凶器となる。

今日家庭や学校における暴力や若者の自殺など、憂慮すべき事態の頻発の原因は、教育理念の喪失にある。

教育の非人間化、便宜主義化が進行し、教育が本来目ざすべき人格教育や、子供に理想や生き甲斐を教えることを疎《おろそ》かにしている。しかし、最も緊要なことは両親と教師の家庭生活の葛藤《かっとう》や歪みを正すことにある。

幸福とは感謝であるという言葉があるが、もしその人に感謝の心が蘇って来なければ、その人自身は不幸な人間であろう。不幸な人間が決して人を幸せにはできない。外面的にどんなに不幸に見えても、心の中に幸せを持った人間は、幸せな人間と言えるし、また不幸な環境も実際に幸せに変えることができるのである。

信ずるという力は、人間の精神的な能力の中で、最も純粋で、奥深い生命の結晶的な能力である。そして統合的で直観的な能力なのである。
直観的であるということは従来、感情的であると同様、理性に相反するものとされてきた。しかし、分析と分裂の中からは決して〝信〟という力はでてこない。

長い人生において、自分がどれだけ人に奉仕したかという量が、やがて自分が人生の終末において、どれだけ人に奉仕されるかという量になるであろうし、それは期待し、計算しての愛や奉仕ではなくして、没我の愛の中に生きて、その結果、自然にほとばしる愛や奉仕でなければならない。

自分の心が素直で清らかとなり、常に創造的な生命の法則に従うような心のあり方をしていれば、心はいつも明るく、生命感にあふれ、水のように物事にこだわらない、自由な心の人となることができる。自由な心は叡智的直観によって真理を把握《はあく》し、そして真理は人間を真に自由にするのである。

著者略歴

鴨志田《かもしだ》 恒世《つねよ》

大正 11 年 8 月 6 日　茨城県日立市に誕生される。
昭和 22 年　東京医科歯科大学卒業
昭和 23 年　東京大学医学部選科卒業
昭和 24 年　日立市に歯科診療所を開設
昭和 26 年　法政大学文学部哲学科卒業
昭和 31 年　東京大学医科学研究所入所
昭和 35 年　東京大学より医学博士号を受領
昭和 43 年　社会教育団体わたつみ友の会会長に就任
昭和 48 年　東京新宿に太陽歯科医院を開設
昭和 62 年 9 月 4 日　逝去される。

先生は、日本最古の古典である古事記の神々の世界は、実在の世界である事を明らかにされ、理性以上の能力である叡智（霊性）が古代から我が国に連綿として伝えられており、それを伝統的日本の霊性と呼ばれて、日本の生え抜きの純粋な心である神道の真髄であると説かれた。

そして、神いますことの証として、天与の叡智以上の卓越した精神的能力と、人間に対する限りない慈愛を以て、不治の病を癒し、極めて深刻な人生の苦悩を解決に導き、多くの奇蹟的事実を示された。

また、「わたつみ友の会」を通じて、日本人が悠久の時を経て培って来た神道の思想を生活原理として、十箇条の生活綱領を提示され、日常の実生活に密着しながら、心の進化向上、真実の愛を身に付ける為の実践を強く促され、貴賤賢愚に関わらず人間に予約賦与され、人間を真の実存に導く叡智（霊性）への階段を昇ることを生涯に亘って訴え続けられた。

著書として、「“愛”の創造」「深層心理の世界」「幽玄の世界」があり、遺作として「日常生活に及ぼす深層心理」「生活綱領解説」「天音」「歌集わたつみ」「鴨志田恒世全著作集」等がある。

二十一世紀の倫理観　真の人間性の回復を目指して

2021年8月6日　第1刷発行

著　者　鴨志田 恒世
発行人　大杉　剛
発行所　株式会社 風詠社
〒553-0001　大阪市福島区海老江5-2-2
大拓ビル5-7階
TEL 06（6136）8657　https://fueisha.com/
発売元　株式会社 星雲社
（共同出版社・流通責任出版社）
〒112-0005　東京都文京区水道1-3-30
TEL 03（3868）3275
企画・制作　NPO法人わたつみ友の会
〒317-0071　茨城県日立市鹿島町1-1-15
TEL 0294（21）1408
http://www.watatsumitomonokai.org/
印刷・製本　シナノ印刷株式会社

ISBN978-4-434-29348-1 C0012

鴨志田恒世　著作集

著者はその全生涯を通じての自然科学、哲学、宗教の分野における血の滲むような研鑽、厳しい肉体的修練と、天与の卓越した精神的能力によって齎された、人類史始まって以来の命題、「人間とは何か」、「人間の生きる意義と目的」を究明し、全く新しい画期的人間観を確立した。

そして其の考え方、思想、生活の在り方を普及啓発する為、昭和四十三年に組織された社会教育団体「わたつみ友の会」の会長として、「人間存在の価値」、なかんずく「日本人としての真の生き方」、日本の伝統文化の価値観に基づく「人間の本当の幸せとは何か」を、論文、講演により一貫して活発な社会啓発活動を展開した。

更に著者がこよなく日本を愛し、人間に対する比類の無い深い愛情と、大いなる慈悲心を以て、不治の病を癒し、人生の極めて深刻な苦悩を抱えた人々を幸せに導き、多くの奇蹟的事実を示されると共に、あらゆる機会を通じて、其の思想と生活のあり方の普及に努められ、昼夜を分かたぬ社会啓発活動と、地上楽園の実現のために其の全生涯を捧げ尽された記録でもあります。

時代の潮流に流されず、日本国の安寧と世界の平和を願い、人生を真剣に真実に生きようとされておられる諸兄姉に、是非ご一読いただきたい著作集であります。

〝愛〟の創造　希望の精神革命をめざして

奇蹟的事実は私達に何を語りかけるのか！

人間の本質は〝愛〟であると宣言し、現代社会の人々を捉えて離さない絶望的不安を解消して、救いの道を示唆する真の人間性の回復の書

B6判　一二〇〇円（税込）

〝愛〟の創造　希望の精神革命をめざして（同名の新書版）

日本図書館協会選定図書（社会科学分野）！

本書は失われた人間性の恢復を目指し、新しい人間像をうきぼりにすることによって、生命至上主義の思想を高らかに掲げようとするものである。

新書判　一二〇〇円（税込）

深層心理の世界　人間性の回復をめざして

私達の運命をも左右する心の深層とは！

私達が意識している心とは、心の広大な領域のほんの一角であり、ほとんどが意識されない領域である。そして、我々の人生の歩みを決定付けているものである。その心の神秘を解き明かす。

B6判　一二〇〇円（税込）

幽玄の世界　神道の真髄を探る

伝統的日本の霊性とはいかなるものか！

新しい世紀に入っても依然、環境破壊が進み、世界中で争いが絶えない中、伝統的日本の霊性に隠された叡智が人間存在の根拠と、そこに付託された使命を明らかにして、来るべき未来を切り開く、未来を予見する書。

Ｂ６判初版　一二〇〇円（税込）　Ｂ６判復刻版　一四〇〇円（税込）

歌集　わたつみ

幽玄の世界を詠う和歌四十四編を掲載！

日本中の由緒ある神宮、神社をご参拝の折々に、「白鳥彦」の雅号を以て詠まれた和歌を機関紙「わたつみ」に掲載したものをまとめたものであり、私達が窺い知る事のできない幽玄の世界の実相をこともなげに詠われている。

Ｂ５判　上製本　二六〇〇円（税込）

天音

「天音」五十九編を掲載！

「天音」とは、機関紙「わたつみ」の各号巻頭に「天音」として百二十八文字に込められた天の声をまとめたものであり、深遠な真理の言葉である。常に携帯して人生の指標とすべきものである。

変形携帯版　八〇〇円（税込）

生活綱領解説

二十一世紀を見据えた人間として日本人としての行為の規範、目標である「生活綱領十箇条」を解説した人生の道標の書！

機関紙「わたつみ」に掲載したものを一冊の書にまとめたものであり、身近な日常生活の中での実践を通して、私達を人間なかんずく真の日本人に導くための実践の書。

B６判ハードカバー　二〇〇〇円（税込）

日常生活に及ぼす深層心理

深層意識が我々の人生の歩みを決定付けている！

深層心理が日常生活に具体的にどのような影響を及ぼしているのかを具体例を以て示し、人生の苦悩を解決し、幸福へ導く処方箋を教示する書。この著作は機関紙「わたつみ」に継続掲載した論文「日常生活に及ぼす深層心理の影響」をまとめたものである。

B６判ハードカバー　二〇〇〇円（税込）

幽玄の世界 - 追補版　神道の真髄を探る！

古代日本人は大自然の大法のまにまに、天神地祇と共に生きた自然人であった。天与の卓越した精神的能力と慧眼を以て、古事記冒頭に記された神々は実在されると明言され、日本人と日本文化の最基層に流れる神道の真髄を明らかにされて、人々を生命の故郷、その本源にいざなう書。

B６判　一五四〇円（税込）